U0943815

《春秋》科学考

孙关龙◉著

海天出版社（中国·深圳）

图书在版编目（CIP）数据

《春秋》科学考 / 孙关龙著. — 深圳 ： 海天出版社，2015.7
（自然国学丛书）
ISBN 978-7-5507-1396-3

Ⅰ. ①春… Ⅱ. ①孙… Ⅲ. ①《春秋》—研究 Ⅳ. ①K225.04

中国版本图书馆CIP数据核字（2015）第140100号

《春秋》科学考
Chun Qiu Ke Xue Kao

出 品 人　聂雄前
出版策划　尹昌龙
丛书主编　孙关龙　宋正海　刘长林
责任编辑　秦　海
责任技编　蔡梅琴
封面设计　风生水起

出版发行　海天出版社
地　　址　深圳市彩田南路海天大厦（518033）
网　　址　www.htph.com.cn
订购电话　0755—83460293（批发）83460397（邮购）
设计制作　深圳市同舟设计制作有限公司　Tel：0755—83618288
印　　刷　深圳市新联美术印刷有限公司
版　　次　2015年7月第1版
印　　次　2015年7月第1次
开　　本　787mm×1092mm　1/16
印　　张　11.5
字　　数　158千
定　　价　32.00元

总 序

21世纪初，国内外出现了新一轮传统文化热。人们以从未有过的热情对待中国传统文化，出现了前所未有的国学热。世界各国也以从未有过的热情学习和研究中国传统文化，联合国设立孔子奖，各国雨后春笋般地设立孔子学院或大学中文系。显然，人们开始用新的眼光重新审视中国传统文化，认识到中国传统文化是中华民族之根，是中华民族振兴、腾飞的基础。面对近几百年以来没有过的文化热，这就要求我们加强对传统文化的研究，并从新的高度挖掘和认识中国传统文化。我们这套《自然国学》丛书就是在这样的背景下应运而生的。

自然国学是我们在国家社会科学基金项目“中国传统文化在当代科技前沿探索中如何发挥重要作用的理论研究”中提出的新研究方向。在我们组织的坚持20余年约1000次的“天地生人学术讲座”中，有大量涉及这一课题的报告和讨论。自然国学是指国学中的科学技术及其自然观、科学观、技术观，是国学的重要组成部分。长久以来由于缺乏系统研究，以致社会上不知道国学中有自然国学这一回事；不少学者甚至提出“中国古代没有科学”的论断，认为中国人自古以来缺乏创新精神。然而，事实完全不是这样的：中国古代不但有科学，而且曾经长时期地居于世界前列，至少有甲骨文记载的商周以来至17世纪上半叶的中国古代科学技术一直居于世界前列；在公元3世纪至15世纪，中国科学技术则是独步世界，占据世界领先地位达千余年；中国古人富有创新精神，据统计，在公元前6世纪至公元1500年的2000多年中，中国的技术、工艺发明成果约占全世界的54%，现存的古代科学技术知识文献数量，也超过世界任何一个国家。因此，自然国学研究应是21世纪中国传统文化

一个重要的新的研究方向。对它的深入研究，不仅能从新的角度、新的高度认识和弘扬中国传统文化，使中国传统文化获得新的生命力，而且能从新的角度、新的高度认识和弘扬中国传统科学技术，有助于当前的科技创新，有助于走富有中国特色的科学技术现代化之路。

本套丛书是中国第一套自然国学研究丛书。其任务是：开辟自然国学研究方向；以全新角度挖掘和弘扬中国传统文化，使中国传统文化获得新的生命力；以全新角度介绍和挖掘中国古代科学技术知识，为当代科技创新和科学技术现代化提供一系列新的思维、新的"基因"。它是"一套普及型的学术研究专著"，要求"把物化在中国传统科技中的中国传统文化挖掘出来，把散落在中国传统文化中的中国传统科技整理出来"。这套丛书的特点：一是"新"，即"观念新、角度新、内容新"，要求每本书有所创新，能成一家之言；二是学术性与普及性相结合，既强调每本书"是各位专家长期学术研究的成果"，学术上要富有个性，又强调语言上要简明、生动，使普通读者爱读；三是"科技味"与"文化味"相结合，强调"紧紧围绕中国传统科技与中国传统文化交互相融"这个纲要进行写作，要求科技器物类选题着重从中国传统文化的角度进行解读，观念理论类选题注重从中国传统科技的角度进行释解。

由于是第一套《自然国学》丛书，加上我们学识不够，本套丛书肯定会存在这样或那样的不足，乃至出现这样或那样的差错。我们衷心地希望能听到批评、指教之声，形成争鸣、研讨之风。

《自然国学》丛书主编

2011年10月

目 录

前 言

《春秋》，一部伟大的著述。它是中国历史上第一部编年史，且开创大历史记述和研究的范式；它的文字创造了一种写法——春秋笔法，2000多年来一直沿用至今；它的出现命名了一个时代——春秋时代，是中国数千年王朝史上唯一以书名命名的时代；它富有人本主义精神，成为中国完成由神本社会转化为人本社会的重要标志，中国传统文化的元典之一；它是现知中国和世界第一部全面系统记述自然现象的著作，是一部富有原创价值的科学文献。

《春秋》诞生至今已有2500年，研究它的论著数以千计、万计，"在数量上每每超过其他经典以至汗牛充栋"[①]，然而都从经学角度、史学角度、文学角度和笔法（或说凡例）角度加以整理和研究。本书独辟蹊径，从科学角度进行解读，首次全面系统地挖掘和整理《春秋》中的自然史料；首次概括指出其自然史料的五大特点；首次较为全面地论述它在中国和世界上开创了系统的天象、气象、地象、水象、生物象、人体象的纪录，以及自然灾害和异常记载的全面性、系统性和科学性；首次挖掘和论证《春秋》最早使用"地震""陨石""山崩"等科学名词，并指出当时已能明确而科学地区分陨石与流星雨（时称"星陨如雨"）的两个根本性区别；亦首次较为全面地论述《春秋》是中国和世界历史自然学的源头，其开创的历史自然史料库，在近现代科学研究中发挥了重要作用，并将继续长远地发挥下去。

①赵伯雄.《春秋学史》.自序.济南：山东教育出版社.2014.

晁岳佩教授指出："经学，是传统文化的主体，《春秋》学是经学中最具政治理论色彩的部分，《春秋》大义包含着关于政治、社会、伦理学等各个方面的原则，可以说是儒学文化的整体体现。研究儒学文化，最重要的应该是研究传统的《春秋》学，它既具有文化层面的意义，也具有理解古代社会和现代社会的意义。"[①]

笔者完全赞同晁教授意见，同时认为：①经学不但"是传统文化的主体"，亦是传统科学技术（中国）的主体之一，本书即是一个例证。②研究《春秋》，不但"具有文化层面的意义""具有理解古代社会和现代社会的意义"，还具有自然层面和科学技术层面的意义，使其在实现具有中国特色的科学技术现代化和当代科技创新中发挥应有的、不可替代的功能。因此，在21世纪发扬光大自然国学，"把物化在中国传统科技中的中国传统文化挖掘出来，把散落在中国传统文化中的中国传统科技整理出来"[②]，是当代国学研究者一项义不容辞的任务。

本书是初次对《春秋》做这方面的整理和研究，也由于时间较为匆忙，因而会有不妥之处，祈盼各方专家给予指教。

孙关龙

2015年2月15日

---

①晁岳佩选编.《春秋学研究》.前言.北京：国家图书馆出版社.2009.

②见丛书总序.

第一章 历史自然学的源头

中国拥有世界上独一无二、量大类多、连续性强、系列化好、历时久长、覆盖地域宽广的自然史料信息宝库，一个重要原因是得益于孔子整理编修的《春秋》一书。

一、《春秋》中的自然史料

《春秋》，中国历史上第一部编年体史书，为儒家的经典著作之一，历代的五经、六经、九经、十二经、十三经都把它列入其中。它还是中国5000年历史上唯一一部以其书名命名为一个历史时代（春秋时代）的伟大著作。自战国大儒孟子（约前372～前289）、西汉大儒司马迁（约前145或前135～？）以来，2000多年来历代儒学家都把它仅读成“弑君三十六、亡国五十二”“贬天子，退诸侯，讨大夫”的经书[①]，即政治性经典著述。而自北宋名相王安石（1021～1086）开始，直至近现代著名学者梁启超（1873～1929）、钱玄同（1887～1939）等，近千年来则视《春秋》为“断烂朝报”“流水账簿”“极不可读的史书”“一部不成东西的历史”[②③]。2000多年来，我们的先哲对《春秋》进行了各种解读，为我们今天阅读打下了良好的基础。然而，他们没有系统解读和研究《春秋》中丰富而系统的自然史料（除对日食天象记录有系统的解读外）。笔者首次对这些自然史料进行全面的、系统的，同时又是初步的整理和研究，于2009年发表《〈春秋〉灾异考》[④]；在本书中，则对《春秋》各种自然史料进行科学考证，包括对灾异资料作进一步的梳理、订正和研究。

据笔者统计，《春秋》全面系统地记载上讫鲁隐公元年（公元前722年，

① （西汉）司马迁.《史记·孔子世家》.

②《宋史·王安石传》.

③ 顾颉刚主编.《古史辨》第1册.第77～78、275～276、278～280页.上海：上海古籍出版社.1982.

④ 孙关龙.《〈春秋〉灾异考》.载韩国《东洋社会思想》2009年.第5集.

即周平王四十九年），下至鲁哀公十四年（公元前481年，即周敬王三十九年），共计242年的自然史料。这些自然史料内容十分丰富，数量相当大，包括：①天象记录：记录日食37次、彗星4次、陨石1次、流星雨1次。②气象记录：记有大雪（含雪）3次、大雹3次、大雨（含雨）6次、雷震2次、霜降2次、冷暖失时18次（其中重14次）、白天漆黑1次、天火10次、大雩21次、长时间不雨5次、大旱2次。③地象记录：记述山7座、丘20个、山崩2次、地震5次。④水象记录：录有河15条、湖（池）7个、泉3处、大水9次。⑤生物象记录：包括动物14类（或种）、植物7类（或种）、螽（蝗）害12次、其他虫兽害10次、动物异常3次、农作物异常7次。⑥人体象记录：内含大饥或饥5次、疫1次等（表1）。《春秋》全书据杨公骥先生统计为16572字①，记录自然史料的类型全，现代自然史料的六大类型都有；项目多，上述统计项目即达31项之多，其中自然灾害和自然异常（简称自然灾异）项目至少有24项；数量大，上述统计已达243次（内含重复31次），其中灾异记录为164次，而且200多年间对每一个（或次）自然史料都按年月或年月日有序记载，非常系统。

表1 《春秋》中自然记录一览表

大类	天象记录				气象记录											地象记录				水象记录				生物象记录						人体象记录	
具体类别	日食	彗星	流星雨	陨石	大雹	大雪（含雪）	大雨（含雨）	大雩	长时间不雨	大旱	雷震	霜降	冷暖失时	白天漆黑	天火	地震	山崩	山	丘	大水	河	湖池	泉	螽害	其他动物灾害	动物异常	农作物异常	动物	植物	疫	大饥（饥）
次数	37	4	1	1	3	3	6	21	5	2	2	2	18	1	10	5	2	7	20	9	15	7	3	12	10	3	7	14	7	1	5
小计	43				73（重14次）											34（重2次）				34				53（重15次）						6	

①杨公骥.《中国文学》.第1分册.第388页.长春：吉林人民出版社.1980.

二、首部全面系统记述自然史料的著作

《春秋》不但是中国第一部全面系统记述自然史料的著作，也是迄今所知世界上第一部全面系统记述自然史料的著作。

（一）中国首部全面系统记述自然史料的著作

在中国，记述自然史料并不始自《春秋》，甲骨文，早于《春秋》的金文，内容上主要反映夏、商、周文献的《尚书》和主要反映周朝至春秋前中期的《诗经》等成书早于《春秋》的古籍，都记载有各种自然史料。然而，全面系统地记述自然史料则是始于《春秋》。

例如，殷墟出土的甲骨文（公元前14～前11世纪）中有3次日食的记录[①]；《诗经·小雅·十月之交》篇有“日有食之”“此日而食”的诗句，据历学家推算，这是指周幽王六年十月初一日（公元前776年9月6日）日食[②]。但是它们的记录均是零星的，且缺乏明确的时间记述。而《春秋》中系统地、按时序记载有公元前722年至公元前481年242年间的37次日食，每次日食都有十分明确的年月日时间记述，并且科学性很强，其记录89%以上是可信的（详见第二章第一节）。

又如，据《中国地震历史资料汇编》记载，中国和世界用文字记录的地震最早发生于公元前23世纪的帝舜时代，出处是《墨子·非攻下》和《太平御览》880卷：“昔者三苗大乱，天命殛之。日妖宵出，雨血三朝。龙生于庙，犬哭乎（于）市，夏冰（水），地坼及泉，五谷变化，民乃大振。”“三苗欲灭时，地震泉涌。”地点是在当时国都蒲坂（今山西永济西南的蒲州）[③]。同时，地震学家认为：中国最早有确切时间的有感地震始于《春秋》记录的鲁文公九年（前618）的地震[④]。而且，在《春秋》中系统地记载了从鲁隐公元年

①陈美东主编.《自然科学发展大事记·天文卷》.第3页.沈阳：辽宁教育出版社.1994.

②高亨注.《诗经今注》.第280～282页.上海：上海古籍出版社.1980.

③中国地震历史资料编辑委员会总编室.《中国地震历史资料汇编》.第1卷.北京：科学出版社.1983.

④刁守中、晁洪太主编.《中国历史有感地震目录》.编者说明.第1页.北京：地震出版社.2008.

（前722）至鲁哀公十四年（前481）242年间发生的5次地震，每次都有确切的年月日，都有确切的地点（详见第四章第一节）。

再如，甲骨文等文献中有干旱的记录。《殷墟文字缀合》曰："贞，帝不我莫（暵）"①，暵，旱也。但是，有明确年、月（季）记载的干旱，始于《春秋》；系统的干旱记录，亦始于《春秋》。它详细、系统地记载了公元前722年至公元前481年242年间28次大小旱情的史料（详见第三章第二节）。

四如，《尚书》中已有传诵3000余年的大禹治水的记录，当时中国"汤汤洪水""浩浩滔天"。然而，有明确年、月（季）的记录，系统的而不是零星的大水记录，则是始于《春秋》。《春秋》系统有序地记载公元前722年至公元前481年242年间的9次大水（详见第五章第一节）。

还如，殷代甲骨文中已有"蝗""蝝"字等虫害的记载，《诗经》中亦有许多记录蝗害的诗句。但是，都是零星的，且缺乏明确的时间记载。对于蝗灾，最早有明确时间的记录是《春秋》对鲁桓公五年（前707）秋的记载，而且系统有序的记述也是始于《春秋》。它系统地记载了公元前722年至公元前481年242年间12次蝗灾的时间、地点等情况（详见第六章第一节）。

（二）现知世界首部全面系统记述自然史料的著作

据笔者了解，迄今为止，公元前5世纪及其以前国外尚未发现与《春秋》同类的、全面系统地记述自然史料的古籍。古埃及、古两河流域（即美索不达米亚地区）、古印度和古希腊的天文学均相当发达，包括历法，然而都擅长或偏重天文几何的测量和计算，鲜有天象观测的系统记载，有的仅是一些零星的记录。如从尼尼微废墟（今伊拉克境内）出土的早于公元前20世纪的泥版文书中，发现上面刻有日食现象的记录。天文学家考证研究认为，当时居住在美索不达米亚地区的阿卡德人和苏美尔人已经开始观测并记录日食，并用于占卜②。稍早于孔子（前551～前479）的古希腊著名思想家泰勒斯（Thales of Miletus，约前624～约前547）仅预报和记录日食1次，而且这次日食（前585）很可能是因为使当时战争的双方吕底亚人和波斯人深感恐慌，

---

①《殷墟文字缀合》.第125片.

② 陈美东.《自然科学发展大事记·天文卷》.第1页.沈阳：辽宁教育出版社.1994.

于是缔结平等和约，结束了战争，而得以保存下来[1]。

两河流域（今底格里斯河、幼发拉底河）气候干燥，年降水量在300毫米以下，巴比伦王国理应有大旱的记录。尼罗河的大水时而泛滥，古埃及理应有大水的记录。然而，是否由于他们过早地灭亡（巴比伦王国于公元前538年被波斯帝国灭亡，古埃及于公元前30年被古罗马帝国灭亡）的原因，这方面没有史料留存下来。《春秋》中系统的水旱灾史料，是迄今所知世界上最早的系统的水旱灾资料。

在国外，较为全面记录自然现象的书籍是古罗马老普林尼（Gaius Plinius Secundus 公元23或24～79）的《博物志》（*Naturalis Historia*，又译《自然史》，37卷）。老普林尼收集古希腊等国近500位作者著作中的2万多条材料，包括有天文、地理、动物、植物等自然资料[2]。然而，这些自然资料缺乏系统性，且《博物志》成书于公元77年，晚于《春秋》500多年。因此，《春秋》是世界上迄今所知第一部全面系统地记录自然史料的著作。

三、《春秋》自然现象记录的特点

《春秋》自然现象记录的特点非常鲜明，笔者认为至少有编年体记事、记录讲究书法、内容多是自然灾异、文约指博、不记祥瑞等一系列特点。

（一）编年体记事

《春秋》是中国现存最早的编年体史书。前已述明，它起自鲁隐公元年（前722），终于鲁哀公十四年（前481），历经十二代鲁君，共242年，十分简赅而清晰地记述了周朝、鲁国及其周围一些诸侯国的历史和各种社会、自然事件。记事方法是编年体，“以事系日，以日系月，以月系时，以时系年”[3]。有十分明确的时间顺序是《春秋》的一大显著特点。就是说，《春

---

① 陈美东.《自然科学发展大事记·天文卷》第6页.沈阳：辽宁教育出版社.1994.

② 《不列颠百科全书》（国际中文版修订版）（俗称《大英百科全书》）.第13卷.第371～372页.北京：中国大百科全书出版社.2007.

③ （西晋）杜预.《春秋左传经传集解·序》.

秋》以十二代鲁国君主（隐公、桓公、庄公、闵公、僖公、文公、宣公、成公、襄公、昭公、定公、哀公）为纲，逐年记事；一年之下，首标春、夏、秋、冬四时，次写月份，再次记日期，甚至时辰，然后记载事实。合理的时间顺序是历史记述的必要条件。在殷商甲骨文和西周铭文中，已经有标明年月日的方法，但时间顺序的排列不很得当：以日、月在前，年在后。王国维指出："书法先日次月次年者，乃殷、周间纪事之体。"①《春秋》则先年，次月，再日，时间顺序完全得当，且一直沿用至今。《春秋》全书 16000 多字，一事一记，242 年一年不缺；最多一年记述 40 来条，最少一年仅记两条；每条的字数不等，最多的一条为 47 字（见鲁定公四年春三月条），最少的一条唯有 1字（见鲁桓公五年秋第 3 条）。然而，它所记之事都有时间、地点、人物姓名、相关史实，开创了中国编年体和编体史的先河及其体例。

例如，鲁桓公元年（前711）记有5个事条，其中一条仅为 3 个字："秋，大水"②。这是《春秋》记水灾之始。其地点没有特别加以标明，说明发生在鲁国。

又如，鲁桓公五年（前707）载有9个事条，其中发生于秋季有3条，1条仅有两个字："大雩"（雩者，祭也，祭旱也，因此大雩者，旱也。此为《春秋》记旱灾之始）；1条仅一个字："螽"（螽者，蝗也。此为《春秋》录蝗灾之开始）。③

再如，鲁庄公七年（前687）记有4个事条，其中1条为16个字："夏四月辛卯，夜，恒星不见，夜中星陨如雨"④（标点符号为笔者所加，下同）。即发生了流星雨。

还如，鲁成公十六年（前575）记有16个事条，其中有一条7个字："春王正月，雨木冰"（指一月下雨，气候异常）；另有一条9个字："六月丙寅朔，日有食之"（指当年5月9日日食）⑤。

---

①王国维.《观堂集林》.第1册.第40页.北京：中华书局.1991.

②宋元人注.《四书五经》.下册.第62~63页.北京：北京市中国书店.1984.

③宋元人注.《四书五经》.下册.第71~73页.北京：北京市中国书店.1984.

④宋元人注.《四书五经》.下册.第104~105页.北京：北京市中国书店.1984.

⑤宋元人注.《四书五经》.下册.第320~326页.北京：北京市中国书店.1984.

（二）记录讲究书法

具有中国历史知识者都知晓，孔子编修《春秋》是有章有法，非常讲究书法或说体例的。历史学家司马迁曾说：《春秋》“笔则笔，削则削，子夏之徒不能赞一辞”。颜师古注：“削者，谓有所删去，以刀削简牍也。笔者，谓有所增益，以笔就而书也。”[①]

《春秋》全书体例严谨，章法方正，提供了集中而简明记载事件的样式：以何年、何月、何日、何地、何人、何事等记载事件，而且对什么该记，什么不该记，都有体例规定。这方面《公羊传》探讨得最为系统、最为深入。该书中“何以”出现约 342 次，“者何”出现约 292 次，“何以书”出现约 153 次，“何以不”出现约 102 次，“何以不书”出现约 9 次，探讨体例的语句共出现近千次。晋代杜预（222～284）总结出《春秋》义例“五十凡”，撰成《春秋释例》一书。例如，记大水、大雪、大雨，以及记日食、不记月食等，都有一套既严格又科学的章法。正如清代学者章学诚（1738～1801）所述：“《尚书》无定法，《春秋》有成例。”“书”与“不书”，如何书，都有成例。[②]

1. 什么是大水

《春秋》记有 9 次大水，《公羊传》明确指出：“何以书？记灾也。”那么，什么是大水灾？《谷梁传》曰：“高下有水，灾曰大水。”《左传》认为：“凡平原出水，为大水。”[③]“高下有水”“平原出水”为大水灾，这两个标准是大致一致的。人们一般居住在平原、下处，是接水处；高处则是出水之地，因此高处有水很难说是水灾，但是《左传》说的平原出水、《谷梁传》讲的高下同时有水，则一定是大水灾了。

2. 什么是大雪

《左传》曰：“平地尺为大雪。”[④]下在平地上的雪不一定都是大雪，下在平地上雪的积存厚度达到一尺及其以上者，则称为大雪。这个标准简明、易

① （西汉）司马迁.《史记·孔子世家》.

② 冯天瑜.《中华元典精神》.第64页.武汉：武汉大学出版社.2006.

③ 宋元人注.《四书五经》下册.第63页.北京：北京市中国书店.1984.

④ 宋元人注.《四书五经》下册.第56页.北京：北京市中国书店.1984.

判，同时也是相当科学的。至今老百姓说“大雪没膝”，“没膝”的雪才称为大雪。“没膝”即及至人的下肢膝关节，长度大致为一尺左右，故而与“平地尺为大雪”基本上是一个含义。

3. 什么是大雨

《左传》指出：“凡雨自三日以往为霖。”[①]霖（雨）即连绵大雨。连绵大雨即连续下三天及其以上者才能称为霖，即大雨。

4. 记日食，不记月食

熟读《春秋》的人，都会发现《春秋》中有一个令一般人难解的现象：即只记日食，不记月食。月食与日食一样，都是一种天象，《春秋》为什么只记日食，不记月食？主要原因是：在先秦时代，月食出现在中国被认为是较平常的天象，其星占的意义较小，故而不记。实际上，就全世界而言，发生日食的机会远较发生月食为多。据《日月食典》统计，自公元前 1208 年11月10 日到公元 2161 年的 3369 年间共发生日食约为8000次，平均每年发生日食约 2.375 次；自公元前 1206 年4月21日到公元 2163 年的3369.5年间共发生月食约为 5200 次，平均每年发生月食约 1.543 次。但是，日食发生时只能在一定地区内可见，而月食发生时只要月球在地平线之上则地球上任何一个地区都可以看到。故而，就一个地区而言，可见的日食则远比可见的月食少，平均每年可见日食约为 0.4 次，即两年不到一次；而月食平均每年可见约为 0.93次，即几乎每年都可以见到。也就是说，在一个地区每年见到月食的次数约是见到日食的 2.325 倍；若以 20 年为一个时段，20 年中月食可见 19 次，日食可见8次。所以，古人以见月食为常，以见日食为异，在《春秋》中只记异常的日食，不记平常的月食。《诗经·小雅·十月之交》曰：“彼月而食，则维其常。此日而食，于何不臧。”常，经常也；臧，善也。这两句话是说：上次月食是平常的事，这次日食却是多么的不吉利呀。这两句话正是上述观念的反映。在中国，系统的日食记录始于《春秋》，而且以后历朝的史书从未间断；系统的月食记录则是距《春秋》约 1000 年后的南北朝史书的天文志（《宋书·律历志》《南齐书·天文志》《魏书·天象志》）才出现。而且，以后时

①宋元人注.《四书五经》.下册.第56页.北京：北京市中国书店.1984.

有间断，如《旧唐书》《新唐书》的天文志都未将月食列入天象记录，《元史·天文志》对元代前期的月食记录也有几十年的空白[①]。

（三）自然记录的内容多为自然灾异

中国是一个灾害大国，地震、水灾（又称大水、洪涝）、旱灾（又称大旱）、虫灾（包括蝗灾等）等灾害的种类多，而且频发。中国又是一个农业文明古国，对天象、气象、地象、水象、生物象等灾异特别关注，因为它们的有无、强弱都涉及农业的收成。早在反映西周时代的文献《周礼》中，已出现“异灾”两字。《周礼·春官·大司乐》曰：“凡日月食，四镇五岳崩，大傀异灾，诸侯薨，令去乐。”郑玄注：“傀，犹怪也。异灾，谓天地奇变者。”欧阳修（1007～1072）等编撰的《新唐书·五行志》指出：“夫所谓灾者，被于物而可知者也，水、旱、螟、蝗之类是已；异者，不可知其所以然者也，日食、星孛、五石、六鹢之类是已。”

在《春秋》中，所记的自然记录大多为自然灾异。例如，所记的天象记录日食、彗星、流星雨、陨石，均为灾异；所载的气象记录大雹、大雪、大雨、大雩、大旱、雷害、霜害、冷暖失时、白天漆黑、天火等，无不是灾异；所记的地象记录地震、山崩，生物象记录螟害、蝗害、兽害，人体象记录大疫、大饥，也都是灾异。即使所记的山、河、动物、植物，不少也是因为灾异而记录下来，包括“梁山崩”“沙鹿崩”“六鹢退飞过宋都”“秋，有蜮”“冬，多麋”，冬“大无麦禾”，十二月“陨霜不杀草，李、梅实”“冬十月，陨霜杀菽”等。

更为可贵的，当代灾异分为天象灾异、气象灾异、地象灾异、水象灾异（包括海洋象灾异）、生物象灾异、人体象灾异六大类型，在约2500年前的《春秋》中反映得相当周全，不缺任何一个大类（见表1）。

（四）文约指博，信息量大

《春秋》全书16572字，历时242年，每年平均仅约68字，然而记事在千例以上。司马迁在《史记》中精辟地指出：“《春秋》文成数万，其指

①庄威风主编.《中国古代天象记录的研究与应用》.第二版.第51~52、120~121页.北京：中国科学技术出版社.2013.

数千”“文约而指博”[①]。据元代学者陈则通在《春秋提纲》一书中统计：《春秋》有“侵伐门”272例，“朝聘门”154例，“会盟门”198例，“杂事门”217例[②]。4门相加为841例，加上笔者统计的“自然门”243例，共为1084例。陈氏的杂事门中，包括祭祀、婚丧、城筑、狩猎、田赋、地震、日食、水旱等，其中的地震、日食、水旱是与“自然门”重复的。删除地震5次、日食37次、水旱37次（28+9），共79次重复数，5门相加为1005，记事仍超过千例。

（五）只记灾异，不记祥瑞

孔子编修《春秋》还有一条重要的书法，也是《春秋》自然记录或说自然灾异记录的一大特点：只记灾异，不记祥瑞。据《左传》记录，春秋时人们直接提到鬼神的计有58处（未计祭祀、巫卜、妖怪等），其中仅有6处对鬼神提出了怀疑[③]。因此，《春秋》能在巫风盛行的先秦时代，祥瑞充斥史书的上古时代，只记灾异，不记祥瑞，是难能可贵的。宋代大家欧阳修等在《新唐书·五行志》中指出：“孔子于《春秋》记灾异，而不著其事应，盖慎之也。”“若推其事应，则有合有不合，有同有不同。”因此，他们在《新唐书·五行志》中也尽可能地“著其灾异，而削其事应”。

《春秋》以后各种史书，仿效《春秋》全面系统地刊录自然信息，特别重视记录自然灾异的史实。然而，它们大多没有遵循《春秋》“只记灾异，不记祥瑞”的书法。例如，《汉书·五行志》对《春秋》鲁成公十六年（前575）“正月，雨木冰”条，注释：“刘向以为，冰者阴之盛而水滞者也。木者少阳，贵臣卿大夫之象也。此人将有害，则阴气胁木，木先寒，故得雨而冰也。是时，叔孙乔如出奔，公子偃诛死”[④]。《后汉志·五行志》说：“五行传说及其占应，《汉书·五行志》录之详矣。”《后汉志·五行志》则把东汉建国以来的灾异与占应“合而论之，以续前志云”。尤其在魏晋南北朝期间，祥瑞之风更甚，以至《宋书》中专设《符瑞志》，《南齐书》中专设《祥瑞

---

①（西汉）司马迁.《史记·太史公自序》.

②（文渊阁）《四库全书》.第159册.第755~862页.台北：台湾商务印书馆印行.

③ 孙长江.《怎样分析孔子的哲学思想》.载《教学与研究》1961年第4期.

④（东汉）班固.《汉书·五行志》.第27卷.第1319~1320页.北京：中华书局.1982.

志》，《魏书》则把《五行志》改名为《灵徵志》，宣称“今录皇始之后灾祥小大，总为灵徵志”[①]。正史中刊录自然灾异的同时，鼓吹祥瑞之风，一直程度不同地延续到清人纂修的《明史》，直到清末，维系2000多年。诚如《明史·五行志》所云：“史志五行，始自《汉书》，详录五行传说及其占应，后代作史者因之。”直至民国初期撰成的《清史稿》，才明确指出：“《明史·五行志》著其祥异，而削事应之附会，其言诚韪矣”，并将“五行志”更名为“灾异志”[②]。这一更名，真正体现了史书继承《春秋》真实记述自然信息，不记祥瑞的传统，这个传统历经2000多年才得到真正的继承。从中我们也深切地体会到孔子当初编修《春秋》时，坚持“只书灾异，不书祥瑞”的书法，是多么之不易，多么之可贵。

四、历史自然学的始源

战国时期，《春秋》已被尊为“六经”之一（其他五经为《诗经》《尚书》《周礼》《易经》《乐经》）[③]。西汉时，汉武帝采纳董仲舒上疏，实施“独尊儒学”，以后直至清末，《春秋》自始至终被奉为经书，历代六经、五经、九经、十二经、十三经等变迁，都把它列入其内，而且成为历代史书仿效的圭臬。

中国历史学的奠基者、西汉史学家和思想家司马迁，最崇拜的即是孔子，毕生以孔子为榜样，以“究天人之际，通古今之变，成一家之言”[④]为己任，用“自周公卒五百岁而有孔子，孔子卒后至于今五百岁”鞭策自己；在受到非人的宫刑之后，又以“孔子厄陈蔡作《春秋》”[⑤]，激励自己，坚持撰写出“成一家之言”的巨篇鸿著《史记》；在《史记·太史公自序》中，提及人物最多的是孔子（14次，其中2次提及的是“仲尼”），引用著作最多的是

① （北齐）魏收.《魏书·灵徵志》.第2893页.北京：中华书局.1974.

② 赵尔巽等.《清史稿·灾异志》.

③ （战国）庄子.《庄子·天运》篇.

④ （东汉）班固.《汉书·司马迁传》.

⑤ （西汉）司马迁.《史记·太史公自序》.

《春秋》（20次，作为时代称呼的“春秋”未计入内）；在《史记》中，司马迁继承《春秋》开创全面系统地记载天地之象的史学传统，首创八书，其中包括记天象的《天官书》，记气象等内容的《历书》，记地象等内容的《封禅书》，记水象的《河渠书》（另外四书是：《礼书》《乐书》《律书》《平准书》）。

东汉史学家、文学家班固（32～92），继承发扬《春秋》全面系统地记录天地之象的传统，在《史记》八书的基础上首创十志，包括记录天象的《天文志》、记录气象的《律历志》、记录地象的《地理志》、记录水象的《沟洫志》，而且首创记录灾异的《五行志》（另外五志是《礼乐志》《刑法志》《食货志》《郊祀志》《艺文志》）。在《五行志》卷之首明确地告示：“以传《春秋》，著于篇。”①

《汉书》十志奠定以后历代正史的志部。在二十五史中，载《天文志》（包括《天官书》《天象志》《司天考》）的有17部，载《律历志》（包括《律书》《历书》《历象志》《时宪志》）的有16部，载《五行志》（包括《符瑞志》《祥瑞志》《灵徵志》《灾异志》）的有15部，载《地理志》（包括《郡国志》《州郡志》《地形志》《郡县志》《职方考》）的有17部，载《河渠志》（包括《河渠书》《沟洫志》）的有7部（表2）。

表2　二十五史志部载自然史料卷一览表

正史书名	卷数	志部(或书部)卷数	律历志	天文志	五行志	地理志	河渠志	小计	修撰人	备注
史记	130	8	2	1			1	4	司马迁(西汉)	律历志分称律书、历书，天文志别称天官书，河渠志别称河渠书
汉书	100	10	1	1	1	1	1	5	班固(东汉)	河渠志别称沟洫志
后汉书	120	30	3	3	6	5		17	范晔(南朝·宋)	地理志别称郡国志
三国志	65								陈寿(晋)	
晋书	130	20	2	3	3	2		10	房玄龄等(唐)	

①（东汉）班固.《汉书·五行志》.第27卷.第1317页.北京：中华书局.1982.

续表

正史书名	卷数	志部(或书部)卷数	律历志	天文志	五行志	地理志	河渠志	小计(卷)	修撰人	备注
宋书	100	30	3	4	8	4		19	沈约(梁)	五行志中含符瑞志3卷，地理志别称州郡志
南齐书	59	11		2	2	2		6	萧子显(梁)	五行志中含祥瑞志1卷，地理志别称州郡志
梁书	56								姚思廉(梁)	
陈书	36								姚思廉(梁)	
魏书	114	10	1	1	1	3		6	魏收(北齐)	天文志别称天象志，地理志别称地形志，五行志别称灵徵志
北齐书	50								李百药(唐)	
周书	50								令狐德棻等(唐)	
南史	80								李延寿(唐)	
北史	100								李延寿(唐)	
隋书	85	30	3	3	2	3		11	魏徵等(唐)	
旧唐书	200	30	3	2	1	4		10	刘昫等(后晋)	
新唐书	225	50	6	3	3	7		19	欧阳修等(宋)	
旧五代史	150	12	1	1	1	1		4	薛居正等(宋)	地理志别称郡县志
新五代史	74	3		2		1		3	欧阳修等(宋)	天文志别称司天考，地理志别称职方考
宋史	496	162	17	13	7	6	7	50	脱脱等(元)	
辽史	116	32	3			5		8	脱脱等(元)	律历志别称历象志
金史	135	39	2	1	1	3	1	8	脱脱等(元)	
元史	210	58	6	2	2	6	3	19	宋濂等(明)	
明史	332	75	9	3	3	7	6	28	张廷玉等(清)	
清史稿	529	135	9	14	5	28	4	60	赵尔巽等(清末民初)	律历志别称时宪志，五行志别称灾异志
合计(卷)		745	71	59	46	88	23	287		

据笔者统计，在二十五部正史中这些专门反映天地之象记录的专志共有287卷。随机抽查其中10卷的字数（版面字数，行数×每行字数），从4000字到17000字不等，平均约为8500字，287卷则为二百四五十万字。即说，仅在二十五部正史中全面系统地反映天地之象的有287卷、二百四五十万字。

在现存的大量其他史书、万种地方志（1985年出版的《中国地方志联合目录》记载中国国内现存8200多种方志[①]，加上近30年新发现的地方志和影印国外收藏的地方志等，故称“万种地方志”）等古籍中，也如正史那样全面系统地登载天地之象。例如，世界上第一篇地震论文、明秦可大的《地震记》，载于清康熙年间的《咸宁县志》上。1556年发生关中大地震，秦是本地人，亲身经历这次大地震，又通过调查研究，写出了古今中外第一篇地震论文《地震纪》。文中全面记述了地震的全过程，分析了不同房屋结构如何抗震，以及人们如何躲震才能减少伤害等，至今尚有价值。因而，1956年出版的《中国地震资料年表》予以全文录收[②]。

对我国古籍中这些丰富的天地之象史料开展单项整理和研究工作，在古代已经开始。例如，西晋学者杜预（222～284）通过对《春秋》中记载的393个干支、30多次日食和《左传》中386个干支，考校春秋时期的历法，著成《春秋长历》[③]。明代高官、科学家徐光启（1562～1633）收集、总结春秋时期至元代100多次蝗虫灾害史料，发现蝗灾发生规律，地点多在湖水涨落幅度大的“涸泽”，时间则“最盛于夏秋之间”，著成《捕蝗考》[④]。清代学者俞思谦总结公元前11世纪至清乾隆年间的古籍中有关潮汐的历史资料，于1781年编撰成中国第一部潮汐史专著《海潮辑说》[⑤]。以后历代学者对自然灾异都有所研究。20世纪中国对古籍中天地之象的研究进入到一个全新阶段，特别是20世纪50年代以后，进入对中国历史自然记录开展大规模的整理和研究阶段。著名气象学家、地理学家竺可桢（1890～1974）开创研究古籍中历史气象记录的领域，1925年发表《中国历史上气候之变迁》论文[⑥]，

---

①中国科学院北京天文台主编.《中国地方志联合目录》.北京：中华书局.1985.

②中国科学院地震工作委员会.《中国地震资料年表》.第383～385页.北京：科学出版社.1956.

③张培瑜等.《中国古代历法》.第267页.北京：中国科学技术出版社.2008.

④杜石然主编.《中国科学技术史·通史卷》.第772页.北京：科学出版社.2003.

⑤陈国达等总主编.《中国地学大事典》.第622页.济南：山东科学技术出版社.1992.

⑥竺可桢.《中国历史上气候之变迁》.载《东方杂志》.第22卷（1925年）第3期.

1972年发表《中国近五千年来气候变迁的初步研究》论文[①]；地理学家、气象学家徐近之（1908～1982）发表《黄淮平原气候历史记载的初步整理》（1955）、《黄河中游区历史上的严霜、巨雹和大雪》（1958）[②]，以上论文和1982年出版的由中国气象科学研究院编制的《中国近五百年旱涝分布图集》[③]，他们一起创立历史气候学。天文学史专家朱文鑫（1883～1938）1934年出版的《历代日食考》[④]，中国科学院院士、天文学史专家席泽宗1955年发表的《古新星星表》著名论文[⑤]，庄威凤、王立兴总编1988年出版的《中国古代天象记录总集》[⑥]，中国科学院北京天文台1989年出版的《中国天文史料汇编》[⑦]，天文学家潘鼐1989年出版的《中国恒星观测史》[⑧]，他们共同创立历史天文学。1956年中国科学院地震工作委员会出版的《中国地震资料年表》[⑨]，1957年出版中国科学院学部委员（院士）、地震学家李善邦（1902～1980）主编的《中国地震烈度区域划分图》[⑩]，1960年出版李善邦主编的《中国地震目录》[⑪]，1983～1985年出版由谢毓寿、蔡美彪主持编纂的《中国地震历史资料汇编》[⑫]，他们创立历史地震学。地质学家王嘉荫（1910～1976）1963年出版的《中国地质史料》[⑬]，为历史地质学创立打下基础。1978年完成的《中国古代潮汐史料汇编》[⑭]，1984年出版的《中国历代灾害性海潮史料》[⑮]，为历史海洋学开拓道路。中国科学院学部委员（院士）、历史地理学家谭其骧（1911～1992）先后发表的《云梦与云梦泽》

①竺可桢.《中国近五千年来气候变迁的初步研究》.载《考古学报》1972年第1期.

②陈国达等总主编.《中国地学大事典》.第93页.济南：山东科学技术出版社.1992.

③中国气象科学研究院.《中国近五百年旱涝分布图集》.北京：地图出版社.1982.

④朱文鑫.《历代日食考》.上海：商务印书馆.1934.

⑤席泽宗.《古新星星表》.载《天文学报》.第3卷（1955年）第2期.

⑥中国科学院北京天文台主编.庄威凤、王立兴总编.《中国古代天象记录总集》.南京：江苏科学技术出版社.1988.

⑦中国科学院北京天文台主编.《中国天文史料汇编》.北京：科学出版社.1989.

⑧潘鼐.《中国恒星观测史》.上海：学林出版社.1989.

⑨中国科学院地震工作委员会.《中国地震资料年表》.北京：科学出版社.1956.

⑩李善邦主编.《中国地震烈度区域划分图》.北京：科学出版社.1957.

⑪李善邦主编.《中国地震目录》.北京：科学出版社.1960.

⑫中国地震历史资料编辑委员会总编室编纂.《中国地震历史资料汇编》（五卷本）.北京：科学出版社.1983～1985.

⑬王嘉荫编著.《中国地质史料》.北京：科学出版社.1963.

⑭中国古潮汐史料整理研究组.《中国古代潮汐论著选译》.北京：科学出版社.1980.

⑮陆人骥编.《中国历代灾害性海潮史料》.北京：海洋出版社.1984.

（1980）、《鄱阳湖演变的历史过程》（1982）、《海河水系的形成和发展》（1987）、《从历史地理角度谈黄河下游河道的综合治理》（1987）等[①]，水利水电科学研究院水利史研究室主持编纂出版的《清代江河洪涝档案史料丛书》（1981～1988）[②]，他们开创历史水文学研究。中国科学院学部委员（院士）、历史地理学家侯仁之（1911～2013）发表的《从人类活动的遗迹探索宁夏河东沙区的变迁》（1964）、《乌兰布和沙漠考古发现和地理环境的变迁》（1973）、《我国西北风沙区的历史地理管窥》（1979）等论文，开创历史沙漠学研究[③]。地貌学家曾昭璇开创历史地貌学，于1985年出版《历史地貌学浅论》[④]。历史地理学家文焕然（1918～1986）开创中国历史生物学研究，先后发表有关内蒙古、新疆、宁夏、湘江下游等地区历史时期森林变迁的论文，中国野象、犀牛、大熊猫、猕猴、孔雀、马来鳄、扬子鳄、长臂猿、鹦鹉等野生动物在历史时期濒危、灭绝和变迁研究的论文[⑤]。竺可桢、谭其骧、侯仁之等的研究又共同开创历史自然地理学研究。20世纪80年代及以后，宋正海等提出历史自然学[⑥]，并开展历史自然记录的综合整理和研究。1992年出版第一部综合性自然灾异史料集《中国古代重大自然灾害和异常年表总集》[⑦]；1994年出版宋正海、孙关龙、艾素珍主编的《历史自然学的理论与实践》[⑧]（这两部研究专著均为国家自然科学基金资助项目）。2002年，出版由宋正海、高建国、孙关龙、张秉伦著的第一部（套）自然灾异整体研究专著《中国古代自然灾异整体性研究》（国家自然科学基金资助项目），包括第一集《中国古代自然灾异动态分析》、第二集《中国古代自然灾异群发期》、第三集《中国古代自然灾异相关性年表总汇》[⑨]。一门全新的、横跨社会科学与自然科学的综合性学科——历史自然学，正在中国崛起。它是富有中国特色的，因

①陈国达等总主编.《中国地学大事典》.第104页.济南：山东科学技术出版社.1992.

②水利水电科学研究院水利史研究室.《清代江河洪涝档案史料丛书》.北京：中华书局.1981~1988.

③侯仁之.《历史地理学的理论与实践》.上海：上海人民出版社.1979.

④曾昭璇.《历史地貌学浅论》.北京：科学出版社.1985.

⑤陈国达等总主编.《中国地学大事典》.第102页.济南：山东科学技术出版社.1992.

⑥宋正海.《历史自然学——一门在中国崛起的现代自然科学》.载《大自然探索》1984年第4期.

⑦宋正海总主编.《中国古代重大自然灾害和异常年表总集》.广州：广东教育出版社.1992.

⑧宋正海、孙关龙、艾素珍主编.《历史自然学的理论与实践》.北京：学苑出版社.1994.

⑨宋正海、高建国、孙关龙、张秉伦著.《中国古代自然灾异整体性研究》（3集本）.合肥：安徽教育出版社.2002.

为唯有中国具有世界上独一无二的，内容多样、系列性长、连续性好、综合性强的自然记录史料。它是研究人类历史时期各种自然记录、探讨自然灾异和自然发展史及其规律的学科，包括研究历史时期天象记录及其变化规律的历史天文学，研究历史时期气象记录及其变化规律的历史气候学，研究历史时期地象记录及其规律的历史地质学（含研究历史时期地震记录及其变化规律的历史地震学）、历史地貌学，研究历史时期水象记录及其变化规律的历史水文学（含研究历史时期海洋学记录及其规律的历史海洋学），研究历史时期生物学记录及其变化规律的历史生物学（含历史植物学、历史动物学等），研究历史时期人体学的历史人体学，以及研究历史时期灾害记录及其发生规律的历史灾害学等。探究这一门中国特有的学科——历史自然学的渊源，则是始于距今约2500年前的《春秋》。

第二章 开创系统的天象记录

《春秋》继承光大我国先周和西周的传统，重视天象记录，且进而开创系统记录天象的历史。据统计，《春秋》中记载有日食37次、彗星4次、流星雨1次、陨石1次，以及朔30次（未计作为人名的“朔”字5次）、晦2次和表示年、月、日、时辰及其次序的干支（即天干地支）393个。

一、系统的日食记载

世界一些文明古国，无论是中国还是巴比伦和古埃及都对日食的观测和预报极为重视。《春秋》之前，中外都已有日食记录，但是系统的具有明确年月日时间和地点记载的日食则始于《春秋》，而且《春秋》中日食记录的科学水平之高是前所未有的。

（一）《春秋》之前的日食记载

世界上，一些学者认为最古的日食记录是中国《尚书·胤征》篇中记载的夏朝仲康王时代的一次日食，某年“乃季秋月朔，辰弗集于房，瞽奏鼓，啬夫驰，庶人走”。说该年秋季九月的朔日，日月交会于房星附近而发生日食，人们惊恐万分，以为太阳被食，乐官慌忙地敲起大鼓警告人们，主币之官焦急地驾车取币以祭天神，百姓惊慌地奔走相告以救日。据相关史料记载，当时世代执掌天地之官的羲氏、和氏“沈乱于酒”，因为未能预报这次日食，造成社会的混乱，而被处以死刑[①]。国内外一些天文研究专家对这次日食做过探讨，有的把这次日食发生的时间推算在公元前2166年，有的推算为公元前1949年，有的推算为公元前1876年10月16日。不少汉学家则认为《尚书·胤征》篇对日食的记载不可靠：一是天文学家推算的年代出入太大，前后相差约300年；二是日食发生的时间距《尚书》成书时间（春秋晚期，为公元前6世纪）太远[②]。

①陈美东.《中国古代天文学思想》.第265页.北京：中国科学技术出版社.2008.

②庄威风主编.《中国古代天象记录的研究与应用》.第2版.第13~14页.北京：中国科学技术出版社.2013.

河南安阳小屯出土的殷商时期甲骨文中的日食记录，则是中外学术界公认的日食。例如，《殷契佚存》第347片："癸酉贞，日夕有食，佳若？癸酉贞，日夕有食，非若？"大意是说：癸酉日占卜，黄昏有日食，吉利吗？癸酉日占卜，黄昏有日食，不吉利吗？其发生的日期，不同学者运用不同的推算方法，有所不同，但多认为发生在公元前1200年左右。它比《春秋》中的日食要早，亦比巴比伦可靠的日食记录要早①。

比《春秋》成书早的《诗经》中，亦有日食的记录。最著名的是《诗经·小雅·十月之交》所载的"十月之交，朔日辛卯，日有食之，亦孔之醜"。这是一首长诗，作于周幽王六年（前776），诗意是讽刺周幽王等权贵乱政殃民，遇到日食、地震、山崩、河沸等巨大灾异还不收敛自省，依然花天酒地、欺诈百姓。诗中的"日有食之"，是指发生在周幽王六年十月初一日（前776年9月6日）的日食②。天文学家研究还认为：在中国可靠的文献中，最早出现的"朔"字（作"朔日"解，指中国农历每月初一）就记录在《诗经》的这首诗中③。

以上甲骨文、《尚书》和《诗经》等中国古籍中对日食的记录是很珍贵的，但都是零星的，没有任何系统性，也都缺乏明确的年月日的记载。中国古籍系统记录日食且有明确的年月日记录的，则是始于孔子编修的《春秋》。《中国古代天文学词典》指出："从《春秋》开始，中国古代的史书中均将日蚀（日食）作为重要的天文现象予以记述，从而使这些记录能较为完整地保存下来。近代朱文鑫在其《历代日食考》中统计，从春秋时代至清代乾隆年间共有919次日蚀记录。近年有人重新统计得到约1000次记录。"④因此，天文学史专家把《春秋》中日食记录作为中国和世界天文学史上的一件大事，列入《自然科学发展大事记》中⑤。

（二）《春秋》中日食记载

在《春秋》中，系统地记载了自鲁隐公元年（前722）至鲁哀公十四年（前481）242年间的37次日食（表3）。

---

①《中国大百科全书·天文学》卷.第561~542页.北京：中国大百科全书出版社.1980.

②高亨注：《诗经今注》.第280~284页.上海：上海古籍出版社.1980.

③张培瑜等.《中国古代历法》.第253页.北京：中国科学技术出版社.2008.

④徐振韬主编.《中国古代天文学词典》.第184页.北京：中国科学技术出版社.2008.

⑤陈美东主编.《自然科学发展大事记·天文卷》.第6~7页.沈阳：辽宁教育出版社.1994.

表3《春秋》日食记录

序号	《春秋》中的记载	公历年-月-日（公元前）	古代记录	顾栋高文	张培瑜文	关立言文	胡铁珠文	较多学者意见
1	隐公三年春王二月己巳日有食之	720-02-22	日食	√	√	√	√	√
2	桓公三年秋七月壬辰朔日有食之既	709-07-17	全食	√	√	√	√	√
3	桓公十七年冬十月朔日有食之	695-10-10	日食	√	√	√	√	√
4	庄公十八年春王三月日有食之	676-04-15	日食	?	√	√	√	√
5	庄公二十五年六月辛未朔日有食之	669-05-27	日食	√	√	√	√	√
6	庄公二十六年冬十二月癸亥朔日有食之	668-11-10	日食	√	√	√	√	√
7	庄公三十年九月庚午朔日有食之	664-08-28	日食	√	√	√	√	√
8	僖公五年九月戊申朔日有食之	655-08-19	日食	√	√	√	√	√
9	僖公十二年春王三月庚午日有食之	648-04-06	日食	√	√	√	√	√
10	僖公十五年夏五月日有食之	645-05-03	夜食	√	√	√	○	○
11	文公元年二月癸亥日有食之	626-02-03	日食	?	√	√	√	√
12	文公十五年六月辛丑朔日有食之	612-04-28	日食	√	√	√	√	√
13	宣公八年秋七月甲子日有食之既 （“七”是“十”之误，应为十月甲子）	601-09-20	全食	?	?	√	√	√
14	宣公十年夏四月丙辰日有食之	599-03-06	日食	√	√	√	√	√
15	宣公十七年六月癸卯日有食之	592-05-17	夜食	√	√	√	○	√
16	成公十六年六月丙寅朔日有食之	575-05-09	日食	√	√	√	√	√
17	成公十七年十有二月丁巳朔日有食之	574-10-22	日食	√	√	√	√	√
18	襄公十四年二月乙未朔日有食之	559-01-14	日食	√	√	√	√	√
19	襄公十五年秋八月丁巳日有食之 （杜预注：八月无丁巳，丁巳为七月初一日）	558-05-31	日食	√	√	√	√	√
20	襄公二十年冬十月丙辰朔日有食之	553-08-31	日食	√	√	√	√	?
21	襄公二十一年九月庚戌朔日有食之	552-08-20	日食	√	√	√	√	√
22	襄公二十一年冬十月庚辰朔日有食之	552-09-19	日食	○	○	○	○	○
23	襄公二十三年春王二月癸酉朔日有食之	550-01-05	日食	√	√	√	√	√
24	襄公二十四年秋七月甲子朔日有食之既	549-06-19	全食	√	√	√	√	√
25	襄公二十四年八月癸巳朔日有食之	549-07-18	日食	○	○	○	○	○
26	襄公二十七年冬十有二月乙亥朔日有食之 （《左传》指出，应是十一月乙亥）	546-10-13	日食	√	√	√	√	√
27	昭公七年夏四月甲辰朔日有食之	535-03-18	日食	√	√	√	√	√
28	昭公十五年六月丁巳朔日有食之	527-04-18	日食	√	√	√	√	√
29	昭公十七年夏六月甲戌朔日有食之 （此条六月甲戌有误，应为九月癸酉）	525-08-21	日食	√	√	√	√	√
30	昭公二十一年秋七月壬午朔日有食之	521-06-10	日食	√	√	√	√	√
31	昭公二十二年十有二月癸酉朔日有食之	520-11-23	日食	√	√	√	√	√
32	昭公二十四年夏五月乙未朔日有食之	518-04-09	日食	√	√	√	√	√
33	昭公三十一年十有二月辛亥朔日有食之	511-11-14	日食	√	√	√	√	√
34	定公五年春王三月辛亥朔日有食之	505-02-16	日食	√	√	√	√	√
35	定公十二年十有一月丙寅朔日有食之	498-09-22	日食	√	√	√	√	√
36	定公十五年八月庚辰朔日有食之	495-07-22	日食	√	√	√	√	√
37	哀公十四年五月庚申朔日有食之	481-04-19	日食	√	√	√	√	√

注：√为肯定的日食，○为否定的日食，？为存疑的日食

（三）对《春秋》日食的研究

2000多年来，对《春秋》中日食、天干地支等进行研究，进而编制春秋时期的历表不下数十家，较为重要的有：西晋杜预（222～284）、清代顾栋高（1679～1759）、清末王韬（1828～1897）和近现代天文学史专家朱文鑫、张培瑜、陈美东等。许多学者还运用《春秋》中日食记录进行地球自转变化等方面的研究。

1. 日食记录真实性研究

古代学者对《春秋》中日食的真实性进行了大量研究，及至近代学者运用天文历法方法、近代天体力学方法、天文学史的复原方法等研究，都证实了《春秋》中日食记录的真实性很高。

①各种方法的研究结果

20世纪80年代前期，南京紫金山天文台张培瑜教授用天文历法方法检验《春秋》的37次日食记录的真实性，于1984年发表文章指出：有34次是明确无误的，两次记载有误，一次记载存疑①。20世纪90年代，物理学者关立言以近代天体力学为手段，用计算机进行推算，指出《春秋》记录的37次日食有35次是存在的、真实的；有两次记载有误，不存在日食②。21世纪初，天文学史研究者胡铁珠运用中国古代最负盛名的其中一个历法——唐代《大衍历》，复原计算《春秋》中的37次日食记录，结果亦有33次是可以肯定的③。他们的计算、验证是很严格的，例如天文历法验算《春秋》中第一个日食记录“鲁隐公三年春王二月己巳，日有食之”。隐公三年为公元前720年，查张培瑜的《三千五百年历日天象》，公元前720年2月22日有日全食，鲁国国都曲阜可见度五分。按儒略日（1458496）推算，当日干支正好为己巳；据现代计算，当年冬至日在（西历）12月26日，2月22日的日食上距冬至为58天，则日食发生的当天是鲁历二月己巳朔日。以此证实，公元前720年2月22日的日食就是鲁隐公三年二月己巳的日食，也说明了《春秋》中日食记录的历史真实性。张文、关文、胡文的结论性意见见表3。

---

①张培瑜.《〈春秋〉〈诗经〉日食和有关问题》.载《中国天文学史文集》.北京：科学出版社.1984.

②关立言.《〈春秋〉日食三十七事考》.载《史学月刊》1998年第2期.

③胡铁珠.《〈大衍历〉交食计算精度》.载《自然科学史研究》2001年第4期.

②较为一致的意见

较多学者认为：《春秋》37次日食中，33次记载正确无误，3次记载失误，1次记载存疑。

在公认的33次日食中，有32次是被认定为当时的观测实录（另一次，鲁昭公十七年六月甲戌朔日食，实应是昭公十七年九月癸酉日食）。这些实录的日食分为三种情况：（a）记录中的年、月、日与实际相符合，曲阜可见日食者27次；（b）记录中没有干支记日的记载，但年、月记录都与实际相符，曲阜可见日食者2次；（c）年、月、日干支记录基本齐全，但考查中发现年或月记录中有一个误记或流传中造成的错简，而在曲阜可见日食者3次。例如，鲁宣公八年七月甲子“日有食之，既”，这是一次日全食，经推算应发生于宣公八年十月甲子朔，古书中“七”与“十”形似，故而“七”显然是“十”之误。再如，鲁宣公十七年六月癸卯“日有食之”，当年六月没有日食发生，这一年有两次日食，一是五月乙亥朔，一是十一月壬申朔，皆非癸卯，且这两次日食曲阜均见不到。而宣公七年六月癸卯在曲阜是可见日食的，因而学术界认为“十七年”是“七年”之误，多衍生一个“十”字。又如，鲁襄公十五年秋八月丁巳“日有食之”，其“八月丁巳”实乃“七月丁巳”之误。[①]

现学术界较多的学者认为《春秋》中三次错载的日食是：鲁僖公十五年（前645）夏五月“日有食之”，鲁襄公二十一年（前552）十月庚辰朔“日有食之”，鲁襄公二十四年（前549）八月癸巳朔“日有食之”。鲁襄公二十一年九月庚戌朔确发生了日食，且是中心食，在曲阜可见度为七分，即七分食，因此下个月是不可能再发生日食的（即比月食是不可能的，比月食是指相邻两个月连续发生的日食）。《春秋》的编者当时缺乏这种知识，误记了。同理，鲁襄公二十四年七月甲子朔确发生了日食，且是中心食，在曲阜可见度为十分，即日全食。故《春秋》记述当年八月癸巳朔有日食也是不对的，比月即鲁襄公二十四年八月不可能再有日食发生。鲁僖公十五年五月日食，也是错记：当年有3次日食，均为日偏食，曲阜均不可见，而且都不发生在五月。[②]

一次存疑是鲁襄公二十年十月丙辰朔日食记录，有学者认为它是根据别国的传闻所记录的[③]。

---

①张培瑜等.《中国古代历法》.第255～264页.北京：中国科学技术出版社.2008.

②张培瑜等.《中国古代历法》.第264～265页.北京：中国科学技术出版社.2008.

③张培瑜等.《中国古代历法》.第265页.北京：中国科学技术出版社.2008.

③与其他古籍中日食记录的比较

学者们在研究中发现，《春秋》37次日食记录中有28次发生于朔日（农历每月初一日），食朔日率记录高达75.7%。即使是按前述的32次实观测日食的记录，其发生于朔日的日食记录也有24次，食朔日率记录也高达75%。“这与汉志、续汉志著录的两汉日食多发生在晦（农历每月终日，即每月最后一天）或晦的前一日的情况明显不同”[①]。即说晚于《春秋》约600年成书的、班固（32～92）的《汉书》，其《五行志下》（即前述的汉志）记载西汉212年间共有日食记录53次，其中食朔日者14次，食晦日者36次，先晦一日3次，食朔日率仅占26.4%。晚于《春秋》约900年成书的、范晔（398～445）的《后汉书》，其《五行志》（即前述的续汉志）记载东汉196年间的日食记录72次，食朔日者32次，食晦日者37次，先晦两日者3次[②]，食朔日率仅占44.4%。《春秋》的食朔日率75%比600年后的《汉书》的26%高出近50%，比900年后的《后汉书》的44%亦高出30%多。这充分说明：《春秋》的日食记录和当时鲁国的历法对朔日的记载相当准确，月相基本上是合天的。更何况，一些天文学家还认为：根据计算，“《春秋》未注朔日的另外8次日食实录，也都发生于鲁国历法的朔日”[③]。

下面我们再来比较一下不同古籍对日食记录的可靠度，即真实度。现代天文学史专家刘次源统计和计算了《中国古代天象记录总集》中所收录的218次（项）来源于地方志和其他古籍的明代日食记录，其中189次（项）是正史没有的。在这189次(项)日食中，“计算结果表明仅有45项是正确的，约占24%，完全错误的竟有140项，占总数的74%，如此高的错误率实在令人惊讶”[④]。《国榷》一书是史学界公认史料价值相当高的史书，由明末清初谈迁（1594～1657）花费30余年时间编撰而成，是以《明实录》为基础，不盲目录取，于谬误之处都明确指出，质量较高的明代编年史[⑤]。刘次源对该书中21次（项）日食记录进行验算和分析，“得知其中有4项是它独有的记录，全部错误”；“还有2项与《二申野录》相同，虽有日食发生，但中国见不

①张培瑜等.《中国古代历法》.第266页.北京：中国科学技术出版社.2008.

②陈美东.《中国古代天文学思想》.第441页.北京：中国科学技术出版社.2008.

③张培瑜等.《中国古代历法》.第266页.北京：中国科学技术出版社.2008.

④庄威凤主编.《中国古代天象记录的研究与应用》.第2版.第595页.北京：中国科学技术出版社.2013.

⑤《辞海》1999年合订本.第863页.上海：上海辞书出版社.1999.

到”；“其他15项与正史记载时间相同……3项有误”①。可见，《国榷》21次（项）日食记录中有9次是错的，正确度或说可靠度（真实度）为12/21，即约为57%；误差率为9/21，即约为43%。

《春秋》中37次日食记录，按各家验算后的最低可靠数33次，可靠度达89%；其误差4次，误差率约为11%。而距《春秋》2000年左右的明代地方志和其他古籍中日食记录的可靠度仅为24%，比《春秋》少65%，即可靠度《春秋》比明代志书等高出约3倍；而差错率为74%，比《春秋》高出63%，即高出《春秋》约6倍。晚于《春秋》2000余年的、公认史料可靠性相当高的史书《国榷》，其日食记录的可靠度为57%，比《春秋》少32%；差错率为43%，比《春秋》高32%。

以上这些比较，充分说明《春秋》中日食记录的可靠性、真实性、科学性相当高。

2. 日食类型研究

历代研究不但证明了《春秋》日食记载的真实性、科学性，而且指出当时已有不同日食类型的记载。

①区分全食和偏食。据《春秋》记载：鲁桓公三年“秋七月壬辰，朔，日有食之，既”。《公羊传》在此条下注：“既者何，尽也。”所谓“尽”者，全也。所以，“食之既”是指日食全也，可知当时发生的是日全食。《春秋》37次日食记录中，“食之，既”的记录为3次，即鲁桓公三年（前709）、鲁宣公八年（前601）、鲁襄公二十四年（前549），这三年发生的都是日全食（表3中第2、13、24号）。其他记录为“食之”，指发生了日食，但不是全食。

②区分昼食和夜食。《谷梁传》对《春秋》日期的书写分为四类：（a）言干支日而不言朔的日食，则发生在晦日，如鲁隐公三年春王二月己巳（前720年2月22日）“日有食之”；（b）言朔而不言干支日的日食，则为“食既朔也”，如鲁桓公十七年冬十月朔（前695年10月10日）“日有食之”；（c）干支日和朔都不书的日食，发生在夜晚“不言日，不言朔，夜食也”，如鲁庄公十八年春王三月（前676年4月15日）“日有食之”；（d）干支日、

①庄威凤主编.《中国古代天象记录的研究与应用》.第2版.第597页.北京：中国科学技术出版社.2013.

朔都写的日食，称为“食正朔也”“既者，尽也”，如鲁桓公三年七月壬辰朔（前709年7月17日）“日有食之，既”[①]。《谷梁传》的上述说法不一定正确，据天文学史专家张培瑜考证：鲁庄公十八年春王三月的日食，是发生在白天，不是夜里[②]。不过，从《谷梁传》的这个分类说明，当时已有白天日食、夜里日食之分，笔者是相信这一点的。所以，表3标有全食的同时亦标有夜食。表3中标明的第10号（僖公十五年夏五月，即公元前645年5月3日日食）、第15号（宣公十七年六月癸卯，即公元前592年5月17日日食）两次夜食，是依据关立言的论文标定的。关氏论文指出：“宣公十七年以及僖公十五年的两次日食”发生于“早晨三时半”，“中国全境不见”，所以这两次日食“是推算测定的记录”。“过去人们认为古六历（包括黄帝历、颛顼历、夏历、殷历、周历、鲁历），皆无推日食法，这样的论断是否可信值得怀疑。”关文又说：这两次夜食“记载无误，说明古人已能观察日月运动的动向，分析出其运动轨迹是否重合，作出科学的推测了。从观察日食到简单的推测日食，这是中国天文学的一次飞跃，我们不可等闲视之”[③]。

3. 对日食的应用性研究

①恢复春秋时期鲁国历法的研究

2500年来，历代学者利用《春秋》《左传》中的日食记录，以及朔、晦、闰、干支记录，研究春秋时期鲁国的历法，取得很大成功，恢复了接近当时历法真相的长历，为我们今天阅读《春秋》《左传》，研究先秦历史带来了极大的方便。其中的佼佼者如下：

a. 杜预的《春秋长历》。杜预根据《春秋》中34次他考证实有的日食和393个历日干支记录，以及《左传》中386个历日干支记录，著成《春秋长历》一书。该长历与《春秋》《左传》（合称《春秋经传》）的779个历日干支有746个相合，不合者33个，相符者占95.7%，不符者仅4.3%；与《春秋》中34次他考证实有的日食则有33次相符，1次不符，相符率达97.1%，不符者仅2.9%，两者的相符率都远高于他之前和同时代的各种历法(表4)[④]。

---

①宋元人注.《四书五经》.下册.第43、68、92、119页.北京：北京市中国书店.1984.

②庄威风主编.《中国古代天象记录的研究与应用》.第2版.第114页.北京：中国科学技术出版社.2013.

③关立言.《〈春秋〉日食三十七事考》.载《史学月刊》1998年第2期.

④张培瑜等.《中国古代历法》.第267～269页.北京：中国科学技术出版社.2008.

表4《春秋长历》等历法与《春秋》《左传》中日食、历日的相符率比较

历 法	与《春秋》《左传》中历日		与《春秋》34次日食		作 者
	相符数	相符率(%)	相符数	相符率(%)	
《春秋长历》	746	95.7	33	97.1	杜预(西晋)
《三统历》(改编《太初历》而成)	484	62.1	1	2.9	刘歆(西汉)
《乾象历》	495	63.5	7	20.6	刘洪(东汉)
《泰始历》(又名太始历、永初历、景初历)	510	65.5	19	55.9	杨伟(魏)
《乾度历》	538	69.1	19	55.9	李修、卜显依(晋)

实际上，杜预的《春秋长历》可以肯定说不完全是春秋时期鲁国的历法。该长历有其天生不足，即把《春秋》和《左传》等量齐观。事实是：《春秋》的历日、日食等反映了鲁国的历法；而《左传》的历日等资料只部分地反映了鲁国的历法，更多的是来自其他各诸侯国的历日、日食等史料。例如《左传》386个历日干支，多数是不同于《春秋》的，为新增的；《春秋》37次日食记录中，《左传》仅有10次，《左传》中其他日食皆是新增的；《左传》27个“朔”“晦”“闰”中，除鲁文公六年闰月相同于《春秋》外，其他皆为《左传》特有的。[①]

b. 王韬的《春秋长历》。清末学者王韬运用《春秋》中的资料，所开展的春秋时期历法研究，学术界评价相当高，“古今数十位研究春秋历法的学人中，唯有他的《春秋长历》最为近真”“在春秋历法上有更大发现或排出更为真实的长历者，至今未现，估计今后也很难会有”[②]。其中，《春秋朔闰日重考》《春秋朔闰表》是他春秋历学研究、春秋长历的主体部分[③]。时当19世纪

① 张培瑜等.《中国古代历法》.第269～270页.北京：中国科学技术出版社.2008.

② 张培瑜等.《中国古代历法》.第290页.北京：中国科学技术出版社.2008.

③（清末）王韬.《春秋历学三种》.北京：中华书局，1959.

中叶，他能提出“以今准古”的方法实为可贵。王韬的长历，岁首建正（每年首月）略有出入；《春秋朔闰日重考》《春秋朔闰表》两者有些闰年、闰月、朔日干支亦不尽一致，这是时代的限制。更何况，其《春秋长历》不是最终定稿，尚处于未定稿阶段。

c.陈美东的《鲁国历谱》。当代学者陈美东在总结前人成果的基础上，对《春秋》所载的历日干支等资料进行深入研究，复原了鲁国春秋时期200多年的历法。他提出：鲁国春秋历法为阴阳合历，大小月相间，大月30日，小月29日。运用特定的周期来安排连大月，所用的朔望月长度约为29.531日。建正在鲁僖公五年（前655）之前，多为建丑（冬至日在正月前一个月），确非建丑的年份7个，约占7%；之后多为建子（冬至日在正月），确非建子的年份17个，约占10%。他认为，鲁国在春秋时期置闰（闰月）的方法尚欠规范，约在鲁定公七年（前503）后，十九年七闰月法已见端倪。在满足若干基本条件（考虑与《春秋》所载年、月、日干支相吻合，即闰月的设置应与这些干支相容；考虑与鲁历建正的总体状况相符合；考虑闰月设置的大体均匀性等）后，复原给出了《鲁国历谱》[①]。

陈氏鲁历与《春秋》所记历日干支不合者，约有50处，约占《春秋》393个历日干支数的13%。其中，不少已被证实是属于《春秋》中的年误、月误。“如果把这些情况排除在外，不合者只有5处”[②]，仅占1.3%，已是相当逼真。

②其他应用性研究

例如，用于地球自转研究。日全食记录是研究地球自转的最好资料之一，因为日全食具有两大优势：（a）全食带一般很窄，因而位置误差相当小。（b）古代计时通常有很大误差，而日全食记录完全不需要计时，因此没有任何误差。例如，《春秋》记载：“桓公三年秋七月壬辰朔（前709年7月17日），日有食之，既。”即说当时在鲁国曲阜（A点）看到了日全食，现代历表计算则显示该全食带在同纬度地中海东段（B点）（图1）。这是加速自转的地球与理想的、均匀自转的地球之间的位相差。它使2000多年前的全食带在地图上朝正西方向平移了85度经度，如将这个经度差化解为时间差（ΔT），则约为5.7小时。[③]

---

①②陈美东.《鲁国历谱及春秋、西周历法》.载《自然科学史研究》第19卷（2000年）第2期.

③庄威风主编.《中国古代天象记录的研究与应用》.第2版.第134页.北京：中国科学技术出版社.2013.

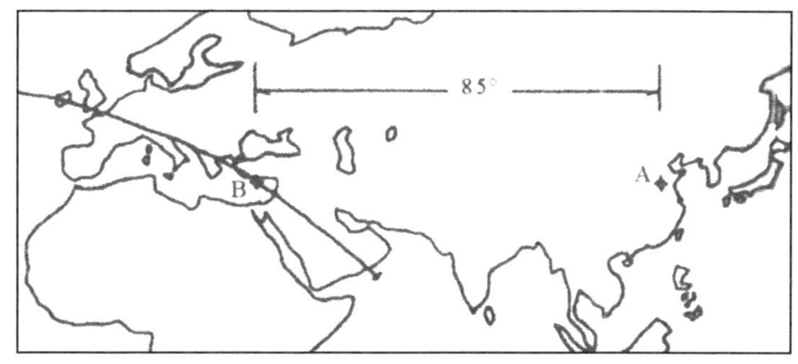

图1 2000多年前见到日全食的A点和现代计算得到的B点

在20世纪上半叶，运用日全食记录研究地球自转代表性工作是由J. K. 弗瑟林汉于20世纪初完成的[①]。他选用了古代欧洲11个当时认为最可靠的日全食记录，所得的结果在以后半个世纪中一直被当作权威数据被广泛地引用。然而在20世纪六七十年代，随着天文计算和地球物理学的发展，地球自转长期变化的研究出现热潮，人们吃惊地发现弗瑟林汉研究所依据的11个“最可靠”的西方日全食记录，无一个是可靠的[②]。于是，人们对日全食记录的准确性、可靠性提出判断标准：日期明确、地点清晰、确系全食。以后一些学者把研究扩展到非全食记录。同时，西方学者把眼光转向东方，开始重视中国古代的日全食记录。例如，F. R. 斯蒂芬森发表他多年研究的成果，并指出公元500年以前的可靠的日全食记录，几乎都出自中国[③]；综合日食等古代资料得到3000年来地球自转平均加速度$\dot{\omega}$为$-62.0\mathrm{s/cy^2}$。它相当于地球自转速度的变化率（$\dot{\omega}/\omega=-1.96\times10^{-10}/\mathrm{cy}$），即地球自转速度每一个世纪都会减慢，减慢量是它本身速度的1.96×10^{-10}，相当日长的变化率 d=1.70毫秒/（日·世纪），即每天的时间长度一个世纪变长1.70毫秒（0.0017秒）[④]。

在上述一系列研究中，学者们发现许多日食记录不实，而《春秋》的日食记录，日期明确，地点清晰，被确认为是“可信的”，尤其是《春秋》中的“三次日全食是研究早期地球自转变化的重要资料”[⑤]。

①Fotheringham, J.K.: *M.N. Royal Astro Society.* 81(1920).

②Newton, R. R. : *Ancient Astronomical Observations and the Accleraytions of the Earth and Moom*. John Hopkins Uriv. Press. 1970.

③Stephenson, F.R. : *Tidal Friction and Earth's Rotation II*. 1982.

④Stephenson, F.R. and Morrison, L.V.: *Phil.Trans. R. Society London*. A351. 1995.

⑤庄威凤主编.《中国古代天象记录的研究与应用》.第2版.第23~24页.北京：中国科学技术出版社.2013.

二、确切的陨石记载

《春秋》中不但有中国和世界最早有确切时间的陨石记录，而且命名、注释都十分科学、准确，比西方对陨石的认识早2000多年。

（一）《春秋》中陨石记载

《春秋》记载：鲁僖公十六年春，正月戊申朔“陨石于宋，五”。这里的“宋”，指当时（春秋时期）诸侯国宋国。宋国始封于西周初，始封之君为商纣王的庶兄微子启，都商丘（后改名睢阳，位今河南商丘市），战国初迁都彭城（今江苏徐州市），公元前286年被齐国灭亡。“五”，是数量，指五颗陨石。全句话是说：鲁僖公十六年正月戊申朔（前645年12月24日），那一天有五颗陨石坠落于今河南商丘市境内。

它是中国最早有确切时间和地点的陨石记载，也是世界上最早有确切的时间和地点的陨石记录（古埃及约在公元前2000多年的纸草书上记录有从天外落下来的石块和铁块）[①]。而且，它开创了中国记载陨石的历史。鉴于《春秋》是经书，后世的史书、志书等古籍纷纷效仿记载，以后2000多年的中国古籍中共有700多次关于陨石的记录，且大多效仿《春秋》有年月日时间和地点的确切记载[②]。例如，中国古代最伟大的科学家宋代沈括（1031～1095）在其科学名著《梦溪笔谈》中，刊录了古代中国与世界关于陨石知识的最详尽的记载：宋英宗“治平元年（1064），常州（治今江苏常州市）日禺时，天有大声如雷，乃一火星，几如月，见于东南。少时而又震一声，转著西南。又一震而坠在宜兴县（今江苏宜兴市）民许氏园中。远近皆见，火光赫然照天，许氏藩篱皆为所焚。是时火熄，视地中只有一窍，如杯大，极深，下视之，星在其中，荧荧然。良久渐暗，尚热不可近。又久之，发其窍，深三尺余，乃得一圆石，犹热。其大如拳，一头微锐，色如铁，重亦如之。州守郑伸得之，送润州（治今江苏常州市）金山寺”[③]。这样详尽而科学的记载，有时间、地点、

①②《中国大百科全书·天文学》卷.第539页.北京：中国大百科全书出版社.1980.

③（北宋）沈括.《梦溪笔谈·神奇》.第20卷.第198页.上海：上海古籍出版社.2013.

过程和形态，不容人有任何可怀疑之处，它比西方早七八百年。据国外有关报道，在常州宜兴陨石坠落的700多年后的1790年7月24日，一颗陨石坠落在法国南部的朱里亚克，当地的官员、居民见此十分惊慌，束手无策，用铁链把它锁在教堂门口。同时，该市市长和300多名居民联名致函当时堪称权威的在巴黎的法国科学院，要求给予鉴定、解释这一神秘的现象。法国科学院的院士接到信函后，却嘲笑他们（朱里亚克市市长和居民）是“天生的吹牛大王”；认为能从“天上掉下石头”，犹如会从天上掉下5吨牛奶、外加1000块美味牛排“一样的荒唐、可笑”①。对比宋代科学家沈括的记载与法国科学院院士的言论，可见中国古代对陨石认识的科学性之高。

陨石是除月岩外，人类获得的唯一地球之外的岩石样品，堪称“天外珍宝”。中国古代2000多年700多条陨石的记录，是中国和世界研究古代陨石以及地球外星体最为系统、最为珍贵的科学史料，也是中国对世界的一大贡献。在世界上，唯有中国才具有历史这么悠长且是连续不断的和系列化的、丰富的陨石史料。

中国对陨石认识得早，利用也最早。1972年，在中国今河北省藁城市台西村的商代中期古墓中，发现一件铁刃铜钺，经研究证明，铜钺上的铁刃是由八面体的铁陨石锻制而成，这也是迄今中国发现的最早铁制品，距今为3400～3300年。此后，又在今河南浚县出土两件商末周初（公元前12～前11世纪）的青铜武器，经化验其铁刃和铁援部分也是由铁陨石锻制而成。因此，中国也是世界上迄今为止最早利用铁陨石制作器物的国家。②

（二）《春秋》陨石记录的科学性

什么是陨石？《左传》十分明确地注曰“陨星也”，即认为陨落在宋国的五颗陨石是天上的星体。《公羊传》也注：“先言霣（即陨），而后言石，霣石。记闻，闻其磒然，视之则石。”《谷梁传》更为明确地注：“先陨而后石，何也。陨而后石也，于宋。”③它们都认可陨石来源于天上星体的思想。战国时期的甘德指出：“望之是星，至地为石。”④西汉司马迁在《史记·天官

① 陈国达等总主编.《中国地学大事典》.第390页.济南：山东科学技术出版社.1992.

② 《中国大百科全书·天文学》卷.第539页.北京：中国大百科全书出版社.1980.

③ 宋元人注.《四书五经》.下册.第176页.北京：北京市中国书店.1984.

④ （唐）《开元占经》.卷三.

书》中，则更清晰明确地析解：“星坠至地，则石也”。在2000多年前，我们的先祖在人类历史上最早准确地提出陨石是天空中星体陨落至地成石的科学学说。在11世纪，宋代科学家沈括又在《梦溪笔谈》中详细记述了陨石坠落形成的过程，尤是从炽热变冷的全过程，且指出这是铁质陨石。自此之后，中国对陨石的认识有铁陨石、石陨石之分。

而在西方，科学家们于1790年还认为陨石（即从天上掉下的石头）是不可能的。直到19世纪初（1803年），西方科学家在法国罗曼蒂省小鹰村附近确实找到从天上降落的陨石，才认识陨石是天上的星体坠落在地上的残留物①。其认识比中国晚了2000多年。

（三）《春秋》发明“陨石”一词

《春秋》中的陨石记录，按照《中国大百科全书·天文学》卷、《自然科学发展大事记·天文卷》的观点是中国最早的陨石记载②③。按照《中国古代天象记录总集》的观点则是中国最早有确切时间与地点的陨石④记载。即使按后者意见，在《春秋》之前只有“雨金”或“雨石”之词（表5）⑤，未见有“陨石”的名称。笔者查阅甲骨文、西周金文，没有见到“陨石”一词；查阅早于《春

表5《春秋》之前的陨石记载

时间	折合公历	记载原文	古籍	备注
夏禹八年夏六月	约公元前21世纪	雨金于夏邑	《竹书纪年》上卷	《资治通鉴外纪·夏纪》有类似记载
商纣末年	约公元前11世纪前期	天雨石，大如瓮	《资治通鉴外纪·夏纪》	《通志·灾祥略》有相似记载
周成王之时	约公元前11世纪后期	咸阳雨金	《资治通鉴外纪·周纪》和《述异记》下卷	《竹书纪年》下卷有类似记载
周襄王三年	公元前649年	雨金于晋	《竹书纪年》下卷	《资治通鉴外纪·周纪》和《路史》有类似记载

① 陈美东.《中国古代天文学思想》.第245页.北京：中国科学技术出版社.2008.
② 《中国大百科全书·天文学》卷.第539页.北京：中国大百科全书出版社.1980.
③ 陈美东主编.《自然科学发展大事记·天文卷》.第7页.沈阳：辽宁教育出版社.1994.
④⑤庄威风等主编.《中国古代天象记录总集》.第63页.南京：江苏科学技术出版社.1988.

秋》成书的《尚书》《易经》《诗经》等书，也未查到“陨石”一词。因此，《春秋》最早使用“陨石”之名。《春秋》发明“陨石”一词以后，战国时期成书的《竹书纪年》仍用“雨金”“雨石”两词（见表5），西汉司马迁的《史记》亦如此，例如秦献公十八年（前367）“雨金栎阳”①。东汉班固的《汉书》则全用“陨石”一词（表6）②，以后“陨石”一词2000多年来一直沿用下来，

表6 《汉书》中陨石的记载

时间	折合公历	记载原文	篇章	备注
汉惠帝三年	公元前192年	陨石绵诸，一	五行志	
汉武帝征和四年二月丁酉	公元前89年3月9日	陨石雍，二	五行志	郊祀志有类似记录
汉元帝建昭元年正月戊辰	公元前38年3月13日	陨石梁国，六	五行志	
汉成帝建始四年正月癸卯	公元前29年2月29日	陨石槁，四；肥累，一	五行志	
汉成帝阳朔三年二月壬戌	公元前22年4月12日	陨石白马，八	五行志	

至今现代天文学仍在使用。1980年出版的《中国大百科全书·天文学》卷以它作为条目标题列条③。而且，该词业经全国科学技术名词审定委员会审定，作为天文学的标准术语收入《天文学名词》一书④。

鉴于《春秋》中“陨石”记录的科学性、重要性，命名的科学性等，一些现代天文学著作把它作为中外天文学史上的大事予以记载。例如1994年出版的、由中国科学院原院长和中国科学院院士卢嘉锡任总主编的《自然科学发展大事记》中的《天文卷》指出：“这是中国关于陨石的最早记录”（或说最早有确切时间和地点的陨石记录），“此后，中国古代的陨石纪事有百余次，多记述翔实，又明确有陨石和陨铁之分，其中对陨石来源、本质的认识尤为可贵”。所以，该卷把《春秋》所记陨石一事列入天文学史大事记⑤。

① （西汉）司马迁.《史记·秦本纪》.
② （东汉）班固.《汉书》《五行志》《郊祀志》等.
③ 《中国大百科全书·天文学》卷.第539页.北京：中国大百科全书出版社.1980.
④ 天文学名词审定委员会.《天文学名词》.第31页.北京：科学出版社.1986.
⑤ 陈美东主编.《自然科学发展大事记·天文卷》.第7页.沈阳：辽宁教育出版社.1994.

三、最早的天琴座流星雨记载

《春秋》中不但有中国和世界上最早成系统的日食记录，有中国和世界上最早有确切时间和地点的陨石记录，还有中国和世界上最早有确切时间和地点的天琴座流星雨记录。而且，当时已能科学地区分流星雨和陨石（含陨石雨），其水平之高令现代人惊讶。

（一）《春秋》中流星雨记录

《春秋》中记载：鲁庄公七年（前687）“夏四月辛卯，夜，恒星不见，夜中星陨如雨”。这是在当时鲁国国都曲阜（今山东曲阜）见到的发生于公元前687年3月16日的一次流星雨。

对这次流星雨记录，《左传》是这样诠释：“夏，恒星不见，夜明也。星陨如雨，与雨偕也。”[①]可见，《左传》对“星陨如雨”的释解是一方面是星陨，再一方面是下雨，“与雨偕也”，两件事是同时发生的。

《谷梁传》《公羊传》对《春秋》“星陨如雨”的释义，则不同于《左传》。《谷梁传》明确指出“夜中星陨如雨”，是“其陨也，如雨，是夜中与”，即认为是陨星如雨一样地下落，不是星陨同时下雨。并进一步说明“见其陨而接于地者，则是雨说也。著于上，见于下，谓之雨。著于下，不见于上，谓之陨，岂雨说哉。”[②]这一段话十分明确地指出了陨雨与降雨的原则性区别：①降雨“著于上”，即乌云浮在上；陨雨是“不见于上”，即不见其发端之处。②降雨是“见于下”，即雨水下落于地；陨雨“著于下”，即浮在地面上。可见，《谷梁传》认为陨雨像下雨的样子，但是陨雨不是降雨。《公羊传》则说：“如雨者何？如雨者，非雨也。非雨，则曷为谓之如雨？不修春秋曰：雨星不及地尺而复。君子修之，星陨如雨。”[③]这里的“如雨者，非雨也”，说明是陨雨，不是降雨。表明《公羊传》的观点相同于《谷梁传》，不同于《左传》。进而，它为把该问题的讨论再深入一步，提出既然是“非雨”，那么为什么又要“谓之如雨”呢？《公羊传》为此作了深入的解释：

---

①②③宋元人注.《四书五经》.下卷.第104页.北京：北京市中国书店.1984.

"不修春秋"，指未经孔子整理的原鲁国史书，该史书当时是说，"雨星不及地尺而复"；"君子"指整理者孔子，即说孔子加以整理时，把"雨星不及地尺而复"改为了"星陨如雨"。这一修改，既简洁明确，又通俗易懂，且成为孔子编修《春秋》的证据之一。

《春秋》三传的共同点是都承认有星体如"雨"一样地陨落，分歧点是当时有没有雨水同时下落。现代天文学家都认为："后两家之说较接近事实，而'不修春秋'之说则最为明确与可信。"① 况且，《左传》之说有相互牴牾之处：一边说"夜明"，一边说星陨时同时下着雨，这是不可能的。诚如东汉哲学家王充（27～约97）所言：既然"夜明也"，"明则无雨，安得与雨俱"②。也就是说：夜里天空明朗则是不可能下雨的，怎么会夜明（天空明朗）又同时降雨呢？

（二）当时已科学地区分陨石与星陨如雨是两回事

上一节我们已经阐明：孔子编修的《春秋》一书，已知陨石是天上的星体陨落地面而成，对陨石本质的认识比西方早2000多年；其命名既简洁又科学，故一直沿用至今，成为现代天文学的标准术语之一。通过本节第一部分的叙述，我们也已悉知"星陨如雨"一词之简洁和科学，因而成为记述中国古代流星雨现象的专门名词。天文学史专家陈美东等指出："星陨如雨在中国古代作为流星雨现象的专有名词，十分贴切地记述了天琴（星座）、英仙（星座）和狮子（星座）等一系列著名的流星雨现象。"③

而且，通过《春秋》中"陨石"记载，与"星陨如雨"及其以前的"雨星不及地尺而复"记载的比较，我们可以清清楚楚地了解到《春秋》的编修者或说春秋时代的佼佼者已经认识到"星陨如雨"（即现命名的流星雨）与"陨石"至少有两点不同：①星陨如雨是散发的群体陨落，"不修春秋"者用了"复"一字，君子（指孔子）修之《春秋》者用了"如雨"两字，显然后者更形象、贴切；陨石则是个体陨落，即使上一节所述的鲁僖公十六年"陨石于宋，五"，有五颗陨石陨落于宋，也是按一颗一颗地陨落和计算的，不同于星

① 陈美东.《中国古代天文学思想》.第243页.北京：中国科学技术出版社.2008.

② （东汉）王充.《论衡·说日》.

③ 陈美东.《中国古代天文学思想》.第243页.北京：中国科学技术出版社.2008.

陨如雨根本数不清楚。②星陨如雨是“不及地尺”的，即不陨落到地面上的，而陨石则是陨落在地面上的。

现代科学已确切地定义陨石和流星雨：陨石是“穿过地球大气层烧蚀后而残留下来并降落地面的地外固体物质”[①]，或说是“流星穿越地球大气层未被烧毁而落到地面的残骸”[②]。流星雨则是天体群“高速进入地球大气层并在夜空中呈现的发光余迹现象”[③]，或说是流星群“进入地球大气层与大气摩擦燃烧产生的光迹现象”[④]。可见，现代科学认为：①陨石是流星，是个体；流星雨是“天体群”或说是“流星群”，是群体。②陨石是“降落地面的地外固体物质”或说是“落到地面的残骸”，是“落到地面”上的；而流星雨是“在夜空中呈现的发光余迹现象”，或说是“与大气摩擦燃烧产生的光迹现象”，因而它是“不及地尺”的，即不陨落到地面上的。《春秋》的编修者当时所认识的“星陨如雨”和“陨石”的两点不同，是完全合符现代科学原理的，是完全正确的。

那时，编修者在《春秋》中把这两种天文现象分别命名为“星陨如雨”（即星陨雨）、“陨石”，是非常科学、贴切的，也是非常高明的。

（三）《春秋》“星陨如雨”记载的价值

天文学家研究指出，《春秋》所记鲁庄公七年（前687）的流星雨记录，是中国和世界关于天琴星座流星雨的最早记载[⑤]。此后直到1911年的2598年间，中国古籍上记载天琴星座与英仙星座、狮子星座等的流星雨，超过400次[⑥]。这些丰富、系统的史料，成为当代天文学研究流星雨的辐射点，研究流星雨的周期和轨道及其变化，研究流星群与彗星之间的关系等十分珍贵的历史资料。

天琴星座是一个星区面积不大（约286个平方度）、包含星数中等偏少（45颗）的星座[⑦]。其流星雨是有周期性的，大多发生在每年的4月20日至24

---

①《中国大百科全书（第二版）》.第27卷.第446～449页.北京：中国大百科全书出版社.2009.

②《辞海》1999年合订本.第1263页.上海：上海辞书出版社.1999.

③《中国大百科全书（第二版）》.第14卷.第378～379页.北京：中国大百科全书出版社.2009.

④《辞海》1999年合订本.第863页.上海：上海辞书出版社.1999.

⑤《中国大百科全书·天文学》卷.第217页.北京：中国大百科全书出版社.1980.

⑥庄威风主编.《中国古代天象记录的研究与应用》.第2版.第10页.北京：中国科学技术出版社.2013.

⑦《中国大百科全书·天文学》卷.第474～475页.北京：中国大百科全书出版社.1980.

日，发生最高频率时间为4月22日[①]，因此也称“4月流星雨”。其辐射点（指星空中所有流星向外辐射的点，这是一种透视现象，实际上所有流星都是沿着平行于辐射点与观测者的连线方向下落的）在天琴星座α星（织女星）附近，所以又称“天琴星座α流星雨”。这群流星雨从春秋时代开始已被我们古人观察到，至今已观察约2600年。天琴星座不大，但它在天文学上非常重要，在该星座45颗星中最亮的一颗星，也是北半天球第二亮星（仅次于牧夫星座的大角星）、宇宙间第五亮星，这就是中国人妇孺皆知的织女星，又称天琴星座α。它自1953年以来一直是全世界光电测光的标准星体，也是一些重要光谱分类的标准星体[②]。它是被天文学家正确测定距离的第一颗恒星，距我们26光年远。早在《春秋》之前，“织女”星、“牵牛”星（指牛郎）就已出现在我国的古籍，如《诗经·小雅·大东》篇中有“跂彼织女”（跂同歧，意为歧形的织女星）、“睆彼牵牛”（明亮的牵牛星）的诗句，这是西周时代的诗篇，源于“牛郎织女”这个美丽的神话故事；还把织女星两旁呈小小菱形的四颗暗星，说成是织女织布用的梭子。在古希腊，人们按天琴星座的形状想象为它是一把珍贵的七弦宝琴，即在古希腊神话中太阳神阿波罗送给俄耳甫斯的那个令无数人心醉神迷的金琴，也因此把这个星座命名为“天琴”（variable）星座。由于岁差（地球自转轴的运动），北极星总是由不同的星体轮流值班的，预计约12000年后，织女星会成为那时候的北极星[③]。届时，天琴星座比现在还重要，《春秋》记载的价值也愈大。

孔子把“雨星不及地尺而复”的句子改为“星陨如雨”，“星陨如雨”一词从此成为中国古代描述流星雨现象的专有名词，“十分贴切地记述了天琴（座）、英仙（座）和狮子（座）等一系列著名的流星雨现象”[④]。“星陨如雨”一词在中国使用2000多年，一直沿用至20世纪初。例如，清光绪二十七年三月（1901年4月19日～5月17日），在甘肃抚彝厅（今临泽县）“星陨如雨”[⑤]；光绪二十八年九月二十二日（1902年10月23日），在陕西紫阳县“夜，星陨如雨”[⑥]；

---

①《中国大百科全书·天文学》卷.第219页.北京：中国大百科全书出版社.1980.

②《中国大百科全书·天文学》卷.第556页.北京：中国大百科全书出版社.1980.

③《中国大百科全书·天文学》卷.第16页.北京：中国大百科全书出版社.1980.

④ 陈美东.《中国古代天文学思想》.第243页.北京：中国科学技术出版社.2008.

⑤（民国）甘肃《临泽县志》.卷四.

⑥（民国）陕西《紫阳县志》.卷五.

光绪三十二年九月（1906年10月18日～11月15日），在云南麻栗坡（今麻栗坡县）“星陨如雨，连数夜”[①]；宣统二年（1910），陕西乾州（今乾县）“西北方，陨星如雨”等[②]。

鉴于《春秋》中所记鲁庄公七年“星陨如雨”事件的科学性、重要性，一些现代科学著作把它作为中国和世界天文学史上的一件大事予以记载。如由中国科学院原院长卢嘉锡院士担任总主编的《自然科学发展大事记》中的《天文卷》[③]，《中国大百科全书·天文学》卷[④]等。

四、宝贵的彗星记载

《春秋》中有一组四例天空出现彗星的记述，这是极为宝贵的自然史料。

（一）《春秋》中彗星记录

《春秋》中有一组彗星记录（表7）。共有四例，分别发生于鲁文公十四年、鲁昭公十七年、鲁哀公十三和十四年。第一例，鲁文公十四年（前613年）“秋七月，有星孛入于北斗”。《公羊传》注曰：“孛者何？彗星也。其言入于北斗何？北斗有中也。何以书，记异也。”[⑤]《左传》《谷梁传》也均

表7《春秋》彗星记录

年份	季节或月份	现象
鲁文公十四年（前613）	秋七月	星孛入于北斗
鲁昭公十七年（前525）	冬	星孛于大辰
鲁哀公十三年（前482）	冬十一月	星孛于东方
鲁哀公十四年（前481）	冬	有星孛

① （民国）《云南通志》.卷十七.

② （民国）陕西《乾县新志》.卷八.

③ 陈美东主编.《自然科学发展大事记·天文卷》.第7页.沈阳：辽宁教育出版社.1994.

④ 《中国大百科全书·天文学》卷.第592页.北京：中国大百科全书出版社.1980.

⑤ 宋元人注.《四书五经》.下卷.第238页.北京：北京市中国书店.1984.

认为星孛（彗星）出现，是天体一种异象。

战国时期的天文学家石申（夫）、甘德对彗星已有相当精辟的定义和分类。石申（夫）指出："凡彗星有四名，一名孛星，二名拂星，三名扫星，四名彗星。其状不同，为映如一。"①而且，石氏、甘氏都以彗星的方位、长短、形状等作为标准，进行分类。石氏认为：

彗星出东南，其本类星，末类彗，长可二三尺至一丈，名曰天枪。

彗星出东北，其本类星，末类彗，长可四五尺至一丈，名曰天欃。

彗星出西北，其本类星，末类彗，长可四五尺至一丈，名曰天棓。

彗星出西南，其本类星，末类彗，长可二三丈，名曰扫星。

彗星出中央，正在人上，其本类星，末类彗，长可五六尺至一丈，名曰天戈。②

可见，石氏清晰地把彗星分为两部分：一个较明亮的圆形头部（本类星），一是长短不一、扫帚状的尾部（末类彗）。这是符合现代科学对彗星研究的成果的。

同时代的另一位天文学家甘德则认为：

进而东北，三月生天棓，长四丈，末兑。

进而东南，三月生彗星，长二丈，类彗。

退而西北，三月生天欃，长四丈，末兑。

退而西南，三月生天枪，长数丈，两头兑。③

甘氏的分类标准，几乎等同于石氏，按方位、长短、形状等分类。然而，同是天棓，石氏出西北，甘氏出东北；石氏长"四五尺至一丈"，甘氏为"长四丈"；石氏"末类彗"，尾部即为扫帚状，甘氏为"末兑"，尾部为尖状。天欃和天枪等方位、长短、形态两家也各论迥异。后世各家也多各从其说，所以中国古代对于彗星的命名状况一直比较混乱。

1972年在长沙马王堆汉墓中出土的帛书中，有一幅十分珍贵的彗星图，内含29种形态和名称各异的彗星图像，中国科学院自然科学史研究所席泽宗先生（1927～2008）认为它们是楚人汇集的对彗星长期观测的成果。图像中彗尾有宽有窄，有长有短，有直有曲，彗星的条数

---

①②（唐）《开元占经》.卷八十八.

③（西汉）司马迁.《史记·天官书》.

亦有多有少；彗星画成一个个圆圈或圆点，有的圆圈中心又有一个小圆圈或小圆点，这可能表明当时人们已经认识到彗头又可分为彗发和彗核两个部分，而且也已有不同类型的划分[①]。这些图像可与上述石申（夫）等人的记述相呼应，充分表明战国时期人们关于彗星知识的丰度和深度。

可惜的是两汉及以后，在"天人感应"思想指导下，对彗星的认识掉入了灾祥说，除个别人有些新的科学见解（如东汉张衡、唐代李淳风）外，2000多年来缺乏新见解、新成果。因此，纵然中国历史上有世界上独一无二的数百次彗星观测记录（如陈遵妫统计至公元1600年止有彗星记录近370次[②]），为世界上历史记载彗星最丰富的国家；纵然中国是世界上唯一记载有从秦王政七年（前240）至清宣统二年（1910）全部24次哈雷彗星回归记录的国家[③]，但是发现哈雷彗星运行的规律是西方人、英国天文学家E.哈雷（Edmond Halley，1656～1742）。

（二）《春秋》彗星记录的价值

20世纪30年代，许多西方天文学家都采用中国古代彗星记录来计算彗星的轨道和周期。例如，A.C.de la C.克鲁马林（曾译克劳密林，Andrew Claude de la Cherois Crommelin，1865～1939）和P.H.考威尔（Philip Hebert Cowell，1870～1948）曾使用中国古代彗星记载（包括《春秋》的彗星记录），推算哈雷彗星的周期等，而且他们认为《春秋》鲁文公十四年（前613）所见彗星是世界记录中最早的哈雷彗星记载[④]。1933年出版的朱文鑫的《天文考古录》采用了这个观点[⑤]。1980年出版的《中国大百科全书·天文学》卷采用了这个观点，说：鲁文公十四年（前613）"秋七月，有星孛入于北斗"，"是关于哈雷彗星的最早记录"，"是世界上第一次关于哈雷彗星的确切记载"[⑥]。《自然科学发展大事记·天文卷》亦采用了这个观点。也有学者认为：我国对哈雷彗星的观测始于公元前22世纪的夏代。另有学者则提出：周武王伐纣时见

①席泽宗.《马王堆汉墓帛书中的彗星图》.载《文物》1978年第2期.

②庄威风主编.《中国古代天象记录的研究与应用》.第2版.第43页.北京：中国科学技术出版社.2013.

③④庄威风主编.《中国古代天象记录的研究与应用》.第2版.第9页.北京：中国科学技术出版社.2013.

⑤朱文鑫.《天文考古录》.上海：商务印书馆.1933.

⑥《中国大百科全书·天文学》卷.第156、546页.北京：中国大百科全书出版社.1980.

到的彗星是哈雷彗星。“以上看法都因为证据不足而没有得到多数科学家的认同。目前公认的我国最早的关于哈雷彗星的记录是《史记·秦始皇本纪》所记载的：战国秦王政七年（前240），‘彗星先出东方，见北方，五月见西方……复见西方’。以后历次回归，我国史书上均有记载”[①]。

即使《春秋》记载的彗星是一般彗星，也是有很高的研究价值。《春秋》开创了系统、确切记载彗星的历史，在它的影响下我国古籍注意记载彗星，据1988年出版的《中国古代天象记录总集》统计共有640次[②]。对这些观测记录的深入研究，有益于对全球古代彗星记录的全面分析和研究，能发现一大批我们至今没有认识的彗星，有助于订正我们已认识的彗星运动规律，且找到一大批彗星运行的周期并预告它们的回归。

---

①庄威风主编.《中国古代天象记录的研究与应用》.第2版.第151页.北京：中国科学技术出版社.2013.

②庄威风主编.《中国古代天象记录的研究与应用》.第2版.第148～149页.北京：中国科学技术出版社.2013.

第三章

开创系统的气象记录

中国是农业古国，在古代很大程度上是靠天吃饭。加上地域辽阔，横跨边缘热带、亚热带、温带，气象条件多样；又地处东南季风带，受东南太平洋暖湿气流和北方西伯利亚寒冷气流的影响，干旱、洪涝等气象灾害频发。因此，中国很早就有各种气象记录，但系统的气象记录则始于《春秋》。

一、系统的气象记载始于《春秋》

中国在《春秋》以前，已有一系列的气象记载。

4000多年前的帝尧时代，已有大旱发生的记载。据《淮南子·本经训》的记载是这样的：当时天气炎热得好像有10个太阳似的，把土地烤焦了，把禾苗晒干了，乃至铜铁、砂石也快要熔化了。人们热得喘不过气来，且饥饿万分。怪禽猛兽则从火焰似的森林、沸汤般的江湖中逃跑出来，不顾一切地残害人们。尧帝热爱受苦受难的民众，虔诚地向天帝祷告。天帝就派遣擅长射箭的后羿下凡，为民除害。后羿力大无穷，拈弓搭箭，先后射下九个骄阳，让天空中仅剩下一个太阳，使天气适合人们居住；后又射杀或射跑怪禽猛兽，诛除了危害民众的大害①。

公元前14～前11世纪河南安阳小屯等地出土的殷商甲骨文中，已有晴、阴、云、雨、雪、风、霾等一系列天气情况记载，包括殷文丁六年（前1217）从3月20日到29日连续10天的天气记载②。

公元前11～前6世纪西周和春秋时期的《诗经》，有着风、雨、雪、雷、旱、洪（水）、震电、虹、霆（霹雷）、霜、露（水）、霰（xiàn，雹）、霾等数十种天气记载。其中《诗经·大雅·云汉》篇是一首周宣王（公元前827～前782年在位）时代的祭雨诗，诗中描述了连年发生“旱既大甚，蕴隆蟲蟲”（蕴同煴，闷热；隆，盛也；蟲蟲，即爞爞，火熏也）和“赫赫炎

---

①袁珂.《中国古代神话》.第173～175页.北京：中华书局.1960.

②董作宾.《殷文丁时卜辞中一旬间之气象记录》.载《气象学报》.第17卷第1～4期合刊.1943.

炎”“滌滌山川”“旱魃为虐，如惔如焚”的严重旱情。

然而上述记载：一是缺乏明确的时间、确切的地点；二是均为零星的、欠系统的记录。有明确的时间和地点，且是系统化的气象记录，则始于《春秋》。在《春秋》中，每一条记录都有确切的时间、地点，且系统地记载了从鲁隐公元年（前722）至鲁哀公十四年（前481）242年间的大雨、大雪、大雹、大旱、雷击、霜害、冷暖失时、天火（自然火灾）等一系列气象灾害和异常，共计73次（其中有14次重复）；另有与气象条件有关的虫害15次、与降水有关的大水9次等（见表1）。

在世界上，西亚两河流域的巴比伦以及之前的苏美尔，北非尼罗河流域的古埃及，南亚恒河、印度河流域的古印度等文明古国，都是以农业立国，因而也都很早就有各种气象的记录。例如，巴比伦在公元前30世纪的泥版上记有“月有黑晕，本日阴雨”“云变黑，有风来”等天气谚语，还有关于八个方位风的记载等①。同样，这些气象记录一是无确切的时间和地点，二是零星的、不系统的。古希腊文明继承巴比伦文明、古埃及文明，在科学上自成系统，其对气象的记载相当丰富、对气象的研究也相当深入。例如，与《春秋》年代相当的公元前6世纪时，被誉为古希腊第一位哲学家的泰勒斯曾详细记载并研究毕宿星座随太阳东升的位置及其与降水的关系，提出毕宿星座随太阳东升时，则将下雨的规律；提出确立与区分春分、秋分和夏至、冬至的方法②。泰勒斯弟子阿那克西曼德（Anaximandros，约前610～前546）著有《论自然》（已佚），详细记录并研究雷、闪电等现象，提出雷是空气移动撞击云层而产生；而空气穿越云层时，则摩擦发出闪电的火花。他是西方亦是世界上最早对雷、闪电等现象进行成因探讨的人③。约200年后，古希腊最伟大的学者亚里士多德（Aristotelēs，前384～前322）撰有《气象学》（又译《论气象》《天象学》）。该书系统总结古希腊及其周围地区的气象知识，开创西方气象学和世界气象学之先河，全面地探讨雨、雪、云、霜、露、雹、霾、风、飓风、焚风、晕、虹、闪电、雷鸣等气象的性质和成因④⑤。不过亚氏的《气象学》，

①孙关龙主编.《自然科学发展大事记·地学卷》.第1页.沈阳：辽宁教育出版社.1994.

②③孙关龙主编.《自然科学发展大事记·地学卷》.第3页.沈阳：辽宁教育出版社.1994.

④孙关龙主编.《自然科学发展大事记·地学卷》.第7页.沈阳：辽宁教育出版社.1994.

⑤（古希腊）亚里士多德著.苗力田主编（译）.《亚里士多德全集》.第2卷《天象学》.第469～602页.北京：中国人民大学出版社.1991.

一是晚于《春秋》100多年，二是其重点是探讨气象的性质和成因，气象的记载尤其是气象灾异的记载基本上没有，与《春秋》是客观记载气象现象的著作不一样。因此根据目前掌握的材料，我们认为《春秋》不但是在中国开创全面系统记述气象灾异的著作，亦是在世界上开创全面系统记述气象灾异的著作。

二、系统的旱灾记载

在《春秋》所载各种气象记录中，最多的是关于旱灾的记录，包括“大雩”21次、长时间不雨5次、大旱2次，共28次。旱灾记录约占表1所统计《春秋》中73次气象灾异记载的38.3%，接近五分之二；若扣除重复的14次，则约占《春秋》中59次气象灾异记录的47.46%，接近一半。也是《春秋》一书中，243次灾异记录中灾害记录最多的一种。

《今本竹书纪年》记述商汤（约公元前16世纪）十九至二十四年连续六年的“大旱”[①]。甲骨文中有关于公元前14～前11世纪旱灾的记录，例如：“贞，帝不我茣（暵）”[②]。“贞，不雨？帝隹茣（暵）我”[③]。但这些记录如同《淮南子·本经训》篇、《诗经·大雅·云汉》篇的记录一样，没有确切的时间和地点，又都是零星的。有确切的时间和地点，且系统化的旱灾记录，亦是始于《春秋》一书。

本节根据《春秋》中记录旱灾的三个层次（大雩、长时间不雨、大旱），拟分三个部分进行阐述。

（一）大雩

《春秋》242年间有大雩记录21次（表8）。“雩”，原意是人们因旱求雨的祭祀仪式，“大雩”即为大型的祭雨活动。后来，人们习惯于有旱情时才“雩”，不旱则不雩，于是“雩”被当作为“旱”的代名词。《公羊传》曰：

① 《今本竹书纪年》卷上.

② 《殷墟文字缀合》.第125片.

③ 《龟甲兽骨文字》.第1、25片.

表8 《春秋》中大雩（灾）记载

年 份	季节或月份	主要地点	备注
桓公五年（前707）	秋	鲁	
僖公十一年（前649）	秋八月	鲁	
僖公十三年（前647）	秋九月	鲁	
成公三年（前588）	秋	鲁	
成公七年（前584）	冬	鲁	
襄公五年（前568）	秋	鲁	
襄公八年（前565）	秋九月	鲁	
襄公十六年（前557）	秋	鲁	
襄公十七年（前556）	九月	鲁	
襄公二十八年（前545）	秋八月	鲁	
昭公三年（前539）	八月	鲁	
昭公六年（前536）	秋九月	鲁	
昭公八年（前534）	秋	鲁	
昭公十六年（前526）	九月	鲁	
昭公二十四年（前518）	秋八月	鲁	
昭公二十五年（前517）	秋七月上辛	鲁	
	秋七月季辛	鲁	旱甚也
定公元年（前509）	九月	鲁	
定公七年（前503）	秋	鲁	
	九月	鲁	旱甚也
定公十二年（前498）	秋	鲁	

“大雩者，何祭也……何以书，记灾也。”[①]《左传》一而再、再而三地强调：“大雩，旱也。”[②]可见，这21次大雩都是旱灾。《中国古代重大自然灾害和异常年表总集》《中国农业自然灾害史料集》等书，都把“大雩”列入旱灾[③④]。

21次大雩均主要发生在鲁国。20次发生在秋季，为秋旱；1次发生在冬季，为冬旱。它们发生在19个年份，其中有两个年份一年内发生两次大雩：一是鲁昭公二十五年（前517），秋季两次大雩（“秋七月上辛，大雩”，“秋七月季辛，又雩”），《左传》注：“秋，书再雩，旱甚也”[⑤]。也就是说，鲁昭公二十五年的旱灾已不是一般的“大雩”，而是“旱甚”，为特大旱灾了。一是鲁定公七年（前503）亦是秋季两次大雩（秋“大雩”和“九月大雩”），同样按上例处理，为“旱甚”，即特大旱灾。

（二）长时间不雨

《春秋》242年间有5次长时间不雨（即不下雨）的记载（表9）。这5次

表9 《春秋》中长时间不雨（旱灾）的记载

年份	季节	主要地点	备注
庄公三十一年(前663)	冬	鲁	
僖公二年(前658)	冬十月	鲁	自二年冬十月不雨
僖公三年(前657)	春正月	鲁	一直至三年夏五月
	夏四月	鲁	
文公二年(前625)	自十二月至三年秋七月	鲁	
文公十年(前617)	正月至秋七月	鲁	
文公十三年(前614)	正月至秋七月	鲁	

①宋元人注.《四书五经》.下册.第72页.北京：北京市中国书店.1984.
②宋元人注.《四书五经》.下册.第341、346、396、419、427、452、470、472页.北京：北京市中国书店.1984.
③宋正海总主编.《中国古代重大自然灾害和异常年表总集》.第169页.广州：广东教育出版社.1992.
④张波等编.《中国农业自然灾害史料集》.第223～225页.西安：陕西科学技术出版社.1994.
⑤宋元人注.《四书五经》.下册.第472页.北京：北京市中国书店.1984.

长时间不下雨都发生在公元前663～前614年的50年间，为公元前7世纪中、后期。地点也都是以鲁国为主。它包括整整一个季度不下雨的情况，如鲁庄公三十一年（前663）“冬”不雨；一个季度以上，乃至二三个季度不雨，如鲁文公二年（前625）“自十有二月不雨，至于次年秋七月”，连续8个月不雨。

其中，鲁僖公二年（前658）“冬十月，不雨”，《公羊传》注：“何以书，记异也”；晋代杜预注“一时不雨，则书首月”[①]，即说一个时节（季节）不雨，则书“首月”。这里就涉及“冬十月不雨”，是指“十月”一个月不雨，还是指“冬”一个季度不雨？笔者是同意杜预意见的，是指“冬”一个季度不雨。因为鲁僖公三年（前657），在“春王正月，不雨；夏四月，不雨”之后，接着一条是“六月，雨”。对此，《公羊传》《谷梁传》都提出“言六月雨何？”即六月一般的下雨，《春秋》为什么要记？因为它是久旱之后的降雨，《公羊传》《谷梁传》齐注：这是“喜雨”“上雨”也。同时，《左传》注说得很清楚：“春，不雨；夏，六月，雨。自十月不雨。至于五月”[②]。《左传》这里说的“十月，不雨”，即是鲁僖公二年“冬十月，不雨”，可见所叙的“冬十月，不雨”，不是指十月一个月不雨，而是指“冬”一个季度不雨；不雨的时间，则一直延至次年五月。因此，表9中长时间不雨的记录，实质上是5次长时间不雨：①鲁庄公三十一年（前663），“冬”不雨，为冬旱；②鲁僖公二年（前658）“冬十月”经次年“春正月”，到“夏四月”（包括五月，因“六月雨”故只能包括到五月）的干旱，实质上是冬、春、夏季连旱，长达8个月；③鲁文公二年（前625）“自十二月至三年秋七月”，为冬末、春旱、夏旱和秋初旱连旱，亦长达8个月；④鲁文公十年（前617）“自正月不雨至于秋七月”为春旱、夏旱和秋七月连旱，长达7个月；⑤鲁文公十三年（前614），“自正月不雨至于秋七月”，亦长达7个月。以上可见，长时间不雨的标准至少是一个季度不雨。

关于长时间不雨是不是灾害的问题，亦长时间有争议。《公羊传》认为：何以书长时间不雨，“记异也”；并进一步指出：“大旱以灾书，此（指长时间不雨）亦旱也，曷为以异书？大旱之日短而云灾，故以灾书。此不雨之日长而无灾，故以异书也”。《左传》也认为：长时间不雨，“不曰

①宋元人注.《四书五经》.下册.第153页.北京：北京市中国书店.1984.

②宋元人注.《四书五经》.下册.第154页.北京：北京市中国书店.1984.

旱，不为灾也”[①]。元明之间学者汪克宽（1304～1372）等则主张：长时间不雨，“为灾”，公羊之说“误也”，事实是《春秋》时“旱为灾而不久，则书旱；旱为灾则久，则书某月不雨至某月”，并说：在“汉献之世（东汉献帝于公元189～220年在位之时），书四月不雨至七月，而注则是人相食（即长时间不雨造成大饥饿、人相食的灾难），则为灾可知矣”[②]。元代程瑞学（1278～1334）也主张：长时间不雨，是灾害，不是异常。指出《公羊传》认为“冬，不雨”等不是灾害是异常，理由是庄稼在冬天已经收割故未受害的观点是站不住的；孔子之所以书长时间不雨，是认为它不但“为害禾稼”，且影响天、地，包括影响“风雨以时，万物生育”[③]。《中国古代重大自然灾害和异常年表总集》《中国农业自然灾害史料集》等书籍都认为长时间不雨是“旱灾”[④][⑤]。笔者完全同意程氏、汪氏、《总集》和《史料集》的观点，认为：长时间不雨（至少一个季度即3个月以上的时间不雨），怎么可能不影响“禾稼”？据掌握的史料，长期不雨造成的灾难在历史上屡见不鲜。例如，南北朝时期北魏熙平二年（517），“幽州（今北京）大饥，死者数千人，自正月不雨至六月”[⑥]。元至正二年（1342），山西大同、汾州、忻州、榆次等地“皆大旱，自春至秋不雨，人有相食者”[⑦]。明成化二十二年（1486），陕西西安“不雨，大饥，斗米万钱，死亡载道”[⑧]；正德三年（1508），河南南阳“自五月不雨至明年正月，人相食”[⑨]，湖北襄阳“自五月不雨至明年正月，人相食”[⑩]；嘉靖二十三年（1544），上海青浦“夏大旱，自五月至六月不雨，米踊贵，死者载道”[⑪]；万历二十七、二十八、二十九年（1599、1600、1601），“华北平原连遭三年大旱，其中以万历二十九年最为严重……自去年六月不雨至今年五月，三辅嗷嗷，民不聊生，草木殆尽，道殣相望，村空

①宋元人注.《四书五经》.下册.第154、216页.北京：北京市中国书店.1984.
②宋元人注.《四书五经》.下册.第216页.北京：北京市中国书店.1984.
③宋元人注.《四书五经》.下册.第138页.北京：北京市中国书店.1984.
④宋正海总主编.《中国古代重大自然灾害和异常年表总集》.第169页.广州：广东教育出版社.1992.
⑤张波等编.《中国农业自然灾害史料集》.第223～225页.西安：陕西科学技术出版社.1994.
⑥《魏书·天象志》.
⑦《元史·五行志》.
⑧《陕西省自然灾害史料》.1976.
⑨《河南省历代旱涝等水文气候史料》.1982.
⑩《湖北省近五百年气候历史资料》.1978.
⑪《华东地区近五百年气候历史资料》.1978.

无烟，生死待毙者十八万人”[①]。清康熙十年（1671），安徽天长“自三月不雨至九月，飞蝗蔽天，人民相食”[②]，湖北大冶“夏五月不雨至八月，流亡载道，民多殍死”[③]；乾隆五十年（1785），江苏江阴“五月至八月不雨，河流涸绝，高下俱灾，民无食”[④]；道光二十六年（1846），陕西蒲城“不雨，粮价昂贵，饿毙无算”[⑤]等。因此，长时间不雨不但是灾害，而且是较为严重的旱灾，严重程度甚于“大雩”。

（三）大旱

《春秋》中有两次“大旱”记载（表10）。一次发生在鲁僖公二十一年（前639）“夏大旱”，为夏旱。一次发生在鲁宣公七年（前602），秋“大旱”，为秋旱。灾害地点，都主要发生在鲁国地域。灾害时间都在公元前7世

表10 《春秋》中大旱（灾）记载

年份	季节	主要地点
僖公二十一年（前639）	夏	鲁
宣公七年（前602）	秋	鲁

纪后半叶，与长时间不雨基本是同一个时间。《左传》在注鲁僖公二十一年夏大旱时认为：由于“旱备”，包括“修城郭”（便于取水等功能）、“贬食省用”（节食省用）、“务穑”（抢收、补种庄稼）、“劝分”（开仓分粮）等一系列措施，于是“是岁”“饥而不害”。《公羊传》则明确指出：“何以书，记灾也。”[⑥]笔者认为，《左传》的“饥而不害”，不是否认“大旱”是灾害，因为它明确地写明了即使有“备”，还是导致了“饥”荒。它所说的“不害”，不是指“不是灾害”之意，而是指没有造成社会的大动荡，给国家的安全带来危害。“饥而不害”是指这次大旱，造成了饥荒，但是因为有“备”，

①《华北、东北近五百年旱涝史料》.1975.
②《华东地区近五百年气候历史资料》.1978.
③《湖北省近五百年气候历史资料》.1978.
④《华东地区近五百年气候历史资料》.1978.
⑤《陕西省自然灾害史料》.1976.
⑥宋元人注.《四书五经》.下册.第182页.北京：北京市中国书店.1984.

未造成社会的大动荡。所以，《左传》的说法与《公羊传》不矛盾，并提供了更多有价值的史料。

连同上述第一部分大雩中所叙：鲁昭公二十五年（前517）、鲁定公七年（前503）每年连续两次大雩，造成“旱甚”，即达到大旱的地步。实际上，《春秋》期间共有大旱4次。

（四）《春秋》干旱综述

上述记载清晰地表明，《春秋》一书在当时就把旱灾划分为三个等级加以记录。①第一个等级为“大雩”，此指一般性旱灾，发生在19个年份共21次。其中有两个年份是旱上加旱的“旱甚”，即成为特大旱灾。除去这两个年份4个大雩的叠加造成的“旱甚”，大雩发生在17个年份，共有17次。②第二个等级为长时间“不雨”，指一个季度及其以上的时间没有雨，前面已述这么长时间“不雨”，不可能没有害。它在7个年份实际上是发生5次（把连续的跨年度和跨季度分别记录的旱灾合一），包括1次是1个季度“不雨”，其余4次都是七八个月“不雨”，因此笔者认为它们是严重或较为严重的旱灾，危害程度甚于“大雩”。③第三个等级为“大旱”，前面已叙发生在4个年份共4次，这是“旱甚”，造成了饥荒等危害。这样，《春秋》242年间共发生：一般性旱灾在17个年份有17次，严重或较严重旱灾在7个年份有5次，特大旱灾在4个年份有4次，合计在28个年份出现旱灾为26次（按《春秋》实录则为28次）。

《春秋》中实录的28次干旱发生的地点，都主要在鲁国。发生的时间，则集中在公元前7世纪中、后期和6世纪中、后期两个时间。这两个时期（表11、12）时间加起来为128年，占《春秋》242年的52.89%，期间发生旱灾24次，占《春秋》旱灾28次记录的85.71%，平均每10年约发生2次。余114年中仅发生4次大雩，占《春秋》旱灾28次记录的14.29%，平均每10年约发生0.35次。第一个干旱时期，为公元前7世纪中、后期，具体讲是公元前663至前602年的62年间，《春秋》中记录的两次“大旱”、5次长期“不雨”，都发生在这一时期（表11），外加两次“大雩”，62年间发生干旱9次，平均每10年发生旱灾约1.50次。第二个干旱期，为公元前6世纪中、后期，具体讲是公元前568～前503年的66年间，《春秋》记录的大雩15次发生在这一时期

表11 《春秋》中第一个干旱期

年份	季节	旱情
庄公三十一年（前663）	冬	不雨
僖公二年（前658）	冬十月	
僖公三年（前657）	春正月	不雨
	夏四月	
僖公十一年（前649）	秋八月	大雩
僖公十三年（前647）	秋九月	大雩
僖公二十一年（前639）	夏	大旱
文公二年（前625）	自十二月至三年秋七月	不雨
文公十年（前617）	正月至秋七月	不雨
文公十三年（前614）	正月至秋七月	不雨
宣公七年（前602）	秋	大旱

表12 《春秋》中第二个干旱期

年份	季节	旱情	备注
襄公五年（前568）	秋	大雩	
襄公八年（前565）	秋九月	大雩	
襄公十六年（前557）	秋	大雩	
襄公十七年（前556）	九月	大雩	
襄公二十八年（前545）	秋八月	大雩	
昭公三年（前539）	八月	大雩	
昭公六年（前536）	秋九月	大雩	
昭公八年（前534）	秋	大雩	
昭公十六年（前526）	九月	大雩	
昭公二十四年（前518）	秋八月	大雩	
昭公二十五年（前517）	秋七月上辛	大雩	
	秋七月季辛	大雩	旱甚也
定公元年（前509）	九月	大雩	
定公七年（前503）	秋	大雩	
	九月	大雩	旱甚也

（表12），66年间发生干旱15次，平均每10年发生旱灾约2.27次。第一个干旱期与第二个干旱期相比较，时间上差不多，都是60余年，第二个干旱期稍长4年（为66：62）。旱灾次数，第二个干旱期稍多6次（为15：9）。旱灾发生的频率，第二个干旱期高一些，以10年为单位为2.27：1.45。但是，旱灾的强度第一个时期远甚于第二个时期，《春秋》记录的两次“大旱”发生于这个时期，《春秋》记录的5次长时间“不雨”也全部属于这个时期；第二个时期发生的15次旱灾，全部是“大雩”这一级的（其中有两组两次叠加，旱情加重为“旱甚”）。

《春秋》中按三个等级记述旱情，是非常科学的，与现代气象学对旱情的分级相比较，更凸显其时代的超前性。现代气象学把旱情划分为四个等级：①轻度旱灾，成灾面积10%～20%，减产小于一成；②中度旱灾，成灾面积20%～40%，减产一至三成；③严重旱灾，成灾面积40%～60%，减产三至五成；④特大旱灾，成灾面积60%以上，乃至100%，减产五成以上，乃至颗粒无收（表13）[①]。在现代气象学对旱情的分类中，关键性指标是成灾面积和减产数。《春秋》对旱情的三个等级的划分，基本上与现代气象学四个等级划分是相呼应的：第一等级“大雩”，为一般旱灾，相当于现代气象学旱情体系中的轻度旱灾；第二等级长期“不雨”，是严重或较严重的旱灾，相当于现代气象学旱情体系中的中度旱灾和严重旱灾；第三等级“大旱”“旱甚”，为特别严重旱灾，相当于现代气象学旱情体系中的特大旱灾。而且，从《春秋》对旱情的命名中也看出，其三个等级的划分主要着眼点，不在旱情即不雨时间的长短，而是造成灾害的情况。所以，第一等级旱灾，称“大雩”，不用“旱”；

表13　现代气象学对旱情的分级

评价指标	轻度旱灾	中度旱灾	严重旱灾	特大旱灾
连续无雨(日)	15～25	26～40	41～60	＞60
受旱面积比例(%)	10～30	30～50	50～80	＞80
成灾面积(%)	10～20	20～40	40～60	＞60
减产数(成)	＜1	1～3	3～5	＞5

① 《中国大百科全书》（第二版）.第9卷.第246页.北京：中国大百科全书出版社.2009.

第二等级旱灾用长期“不雨”，也未用“旱”字；到了第三等级旱灾，才用“旱”字，且与“大”字连用。如果是按旱情的时间为其主要划分指标，在现代气象学指标体系中，超过60天（相当两个月，现代气象学旱情指标体系中超过60天即为特大旱灾，见表13）即为特大旱灾，那么连续七八个月“不雨”或旱，即是特大特大的旱灾了。但是因为当时长时间不雨造成的灾害不是特别巨大，未用“旱”字，《春秋》记事又过于简明，导致《公羊传》《左传》误认为它们是“异常”而不是“灾害”。

三、其他气象灾害记载

除上一节讲述旱灾，第五章讲述涝灾（大水），第六章讲述虫灾外，《春秋》中所记述的其他气象灾害，主要有雹灾、雪灾、霜灾以及雷电造成的火灾等。

（一）雹灾

《春秋》中雹灾的记录有3次：鲁僖公二十九年（前631），“秋，大雨雹”。鲁昭公三年（前539），“冬，大雨雹”。鲁昭公四年（前538），“正月，大雨雹”。

雹，又称冰雹、雹块，是一种固体降水物，直径一般为5～50毫米，大的有时可达10厘米以上。雹常砸坏庄稼，损坏房屋，威胁人畜安全，是一种自然灾害。冰雹主要发生在中纬度大陆地区，“中国的降雹多发生在春、夏、秋三季，4～7月约占发生总数的70%，并随季节变化逐渐向北推移：2～3月以西南、华南和江南为主，4～6月中旬以江淮流域为主，6月下旬～9月以西北、华北和东北为主”[①]。《春秋》中的雹，在时间上明显地滞后、超前。而且，对这些大雨雹，《左传》十分明确地指出：“为灾也”[②]。《中国农业自然灾害史料集》把它们列为雹灾[③]，《中国古代重大自然灾害和异常年表总集》

①《中国大百科全书·大气科学·海洋科学·水文科学》.第22页.北京：中国大百科全书出版社.1987.

②宋元人注.《四书五经》.下册.第201页.北京：北京市中国书店.1984.

③张波等编.《中国农业自然灾害史料集》.第376页.西安：陕西科学技术出版社.1994.

中收录有鲁昭公三年“冬，大雨雹”①。《中国气象灾害大典·山东卷》中收录有公元前539年“冬，鲁南地区大雨雹”；前538年“正月，鲁南地区大雨雹”②，即是鲁昭公三年和四年的两次大雨雹。

（二）雪灾

《春秋》中雪灾的记载亦有3次：鲁隐公九年（前714），“三酉，大雨，震电；庚辰，大雨雪”。鲁桓公八年（前704），“冬十月，雨雪”。鲁僖公十年（前650），“冬，大雨雪”。

《左传》指出：“平地尺为大雪。”即人们平时说的：没膝的雪，为大雪。它对鲁隐公九年三月庚辰的大雨雪，注为“书时失也”。《公羊传》也认为：“何以书，记异也”。《谷梁传》进一步指出：三月癸酉，大雨震电；庚辰，大雨雪，“八日之间，再有大变，阴阳错行”③。胡传（指宋代胡安国的《春秋传》）则更进一步地阐明：“周三月，夏之正月（按陈美东的《鲁国历谱及春秋、西周历法》，鲁隐公九年为建丑年④，该年的正月在冬至后的第一个月，故‘周三月’相当于今公历3月）”，此时“雷未可以出，电（闪电）未可以见，而大震电，此阳失节也。雷已出，电已见，则雪不当复降，而大雨雪。此阴气纵也。春秋灾异必书”⑤。对鲁桓公八年“冬十月，雨雪”，《公羊传》注曰：“何以书，记异也。何异尔，不时也。”东汉何休（129～182）指出：“周之十月，夏之八月（鲁桓公八年为建丑年或者建寅年⑥，本书按建丑年代，指周之十月相当于夏历或农历八月，今公历9月），未当雨雪。此阴太盛”⑦。可见，何氏认为“冬十月，雨雪”是异常。对鲁僖公十年“冬，大雨雪”，《公羊传》认为：“何以书，记异也”。明代湛若水（1466～1560）进一步说明：“周之冬，酉、戌、亥月，即夏之八、九、十月也（相当于今公历9、10、11月），是时阴结而未凝，故以为异。”⑧

由上可知，《左传》《公羊传》等都认为《春秋》中3次大雨雪或雪记

①宋正海总主编.《中国古代重大自然灾害和异常年表总集》.第194页.广州：广东教育出版社.1992.
②温克刚主编.《中国气象灾害大典·山东卷》.第360页.北京：气象出版社.2006.
③宋元人注.《四书五经》.下册.第56页.北京：北京市中国书店.1984.
④⑥陈美东.《鲁国历谱及春秋、西周历法》.载《自然科学史研究》2000年第2期.
⑤宋元人注.《四书五经》.下册.第56页.北京：北京市中国书店.1984.
⑦宋元人注.《四书五经》.下册.第77页.北京：北京市中国书店.1984.
⑧宋元人注.《四书五经》.下册.第167页.北京：北京市中国书店.1984.

载都是因异常而记。笔者不否认这3次大雨雪或雪都是气候异常而致（详见下节），但是“平地尺为大雪”，没膝的大雪也必然会成灾。《中国农业自然灾害史料集》把它们归入了“农业气象灾害”①。故在本节和下一节都有阐述。

（三）霜害

《春秋》中涉及陨霜的记载有两次：一次是鲁僖公三十三年（前627）十二月，“陨霜不杀草，李、梅实”，表明这是暖冬，没有形成霜害，故在下节气温异常中叙述。一次是鲁定公元年（前509）“冬十月，陨霜杀菽”。这是一次霜害。对此，《公羊传》曰：“何以书，记异也。此灾菽也，曷为以异书，异大乎灾也。”《谷梁传》注：“未可以杀而杀，举重；可杀而不杀，举轻。其曰菽，举重也。”东汉何休指出：“独杀菽，不杀他物，为异。其说（《公羊传》之说）非也。谷梁举重之说，得之。”② 笔者赞同何休之说，“冬十月，陨霜杀菽”，既是自然异常又是自然灾害，故在本节与下节都有叙述。

（四）天火

指闪电等自然因素造成的火灾。闪电“是一种灾害性天气现象”。“当大气中电场强度超过40万伏/米时，空气会被击穿而发生强烈的放电”，产生闪电和雷声。闪电“可击毁建筑物和高压输电设备，威胁人身安全和造成财产损失”③。《春秋》的编者早在约2500年前即已认识到闪电的危害性，故而系统地记载了242年间的天火（表14）。

①天火为灾。在表14中所列10次天火事件没有一个“天火”之词，实际上据笔者反复核查整个《春秋》一书中没有一个“天火”词汇，那么何以得知这10次冠以“灾”字的事件都是天火灾难呢？即把这10次事件标为“天火灾难”的依据是什么？其依据是《春秋》的体例：“凡火，人火曰火，天火曰灾。”④ 这在《左传·鲁宣公十七年》中有记载。晋代杜预也指出：《春秋》的一条体例，是“天火曰灾”⑤。

②天火是《春秋》时期最为常见的自然灾害之一。从表15中，笔者概

---

①张波等编.《中国农业自然灾害史料集》.第429页.西安：陕西科学技术出版社.1994.
②宋元人注.《四书五经》.下册.第490页.北京：北京市中国书店.1984.
③《彩图科技百科全书·地球》.第86～87页.上海：上海科学技术出版社、上海科技教育出版社.2005.
④宋元人注.《四书五经》.下册.第285页.北京：北京市中国书店.1984.
⑤宋元人注.《四书五经》.下册.第490页.北京：北京市中国书店.1984.

表14　《春秋》中天火灾难记载

年份	季节或年月日	记录原文	地　点
鲁桓公十四年（前698）	秋八月壬申	御廪灾(御廪为御用粮库)	鲁国，曲阜
鲁僖公二十年（前640）	五月乙巳	西宫灾	鲁国，曲阜
鲁成公三年（前588）	二月甲子	新宫灾	鲁国，曲阜
鲁襄公九年（前564）	春	宋灾	宋国，商丘（今属河南，下同）
鲁襄公三十年（前543）	冬十月	宋灾	宋国，商丘
鲁昭公九年（前533）	夏四月	陈灾	陈国，国都宛丘(今河南淮阳)
鲁昭公十八年（前524）	夏五月壬午	宋、卫、陈、郑灾	宋商丘、陈宛丘、卫当时国都帝丘(今河南濮阳市西南)、郑国都新郑（今属河南）
鲁定公二年（前508）	夏五月壬辰	雉门及两观灾	鲁国，曲阜
鲁哀公三年（前492）	五月辛卯	桓宫、僖宫灾	鲁国，曲阜
鲁哀公四年（前491）	六月辛丑	亳社灾(亳等国此时已亡，在鲁国国都曲阜宫室旁建有亳社庙，以戒亡国)	鲁国，曲阜

括出《春秋》时期最为常见的几种灾害依次如下：旱灾（28次）、蝗灾（12次）、天火（10次）、涝灾（大水，9次）（表15）。旱灾、蝗灾、涝灾是中国历史上公认的最为常见的三大灾害，表15中列有这三灾一点也不奇怪。令人惊讶的是，天火灾害居然亦有这么高的发生频率，跻身于最为常见的灾害。而且，从表14中可见，《春秋》所载10次天火灾难都是宫室及其相关建筑物火

表15 《春秋》中最为常见的几种灾害

灾　种	次数
旱灾（含大雩、长时间不雨、大旱）	28
蝗灾	12
天火	10
涝灾（大水）	9

灾，森林天火、民居天火等尚未统计在内（发明避雷针后，天火的灾难大量减少）。

③两类记载。表14显示《春秋》中的天火记载可分为两类：一是鲁国国都曲阜的宫室及其相关建筑物，包括宫室中的西宫、新宫（宣王宫）、桓宫（桓王宫）、僖宫（僖王宫），及其宫室之南的雉门、两观和旁边的亳社庙、御廪。一是邻国的天火，包括宋灾、陈灾，以及鲁昭公十八年夏五月壬午宋、卫、陈、郑四国同遭天火。一日相距甚远的四地同遭天火，不但是自然灾害，也是少见的自然异常。《公羊传》指出："异其同日而俱灾也。"《左传》则指出这与风有关，"戊寅，风甚；壬午，火甚。宋、卫、陈、郑皆火"[①]。

④雷震。雷震（或称雷击）是伴随闪电的声波。细细的闪电蕴藏有强大的电流，可将闪电周围的空气柱加热到极高的温度（最高可达上万摄氏度），同时压力也急剧上升。在高温高压下，空气柱以爆炸式的膨胀产生声波。其所形成的冲击波——雷震，亦会造成灾害。

《春秋》中记录有2次雷震。一次是鲁隐公九年（前714）"三月癸酉，大雨，震电"。此年为建丑年，其三月相当于今天公历3月，此时刚进入雨水节气（每年2月19日前后），不是雷雨季节，"雷未可以生，电未可以见"，雨也不至于"大"。然而，《春秋》记录当时不但下了"大雨"，而且有"震电"。但没有造成物质损失，故为自然异常（详见下节）。

一次是鲁僖公十五年（前645）九月"己卯，晦，震夷伯之庙"。《公羊

①宋元人注.《四书五经》.下册.第454～455页.北京：北京市中国书店.1984.

传》注："晦者何？冥也。震之者何？雷电击夷伯之庙者也……何以书，记异也。"[①]根据《公羊传》等注释，这里的"晦"，不是指夏历每月月终的那一天，而是指天气晦暝。天气昏暗，与发生大雷震的天气是相吻合的。既然是"震夷伯（鲁国大夫）之庙"，就会有破坏，不然不会这样具体记载，故笔者把它纳入灾害之列。而且，笔者认为，闪电与雷震是一对形影不离的双胞胎，闪电引起的天火灾难《春秋》记有10次，而破坏性的雷震才记一次，不是后者仅发生了一次，而是如同螟害不及蝗害，螟害只记3次之后就不再记录一样，按体例省略了，同样破坏性雷震在记一次以后也按体例省略了。

四、系统的冷暖异常记载

每天的冷暖是人们所关心的，自然成为《春秋》记述的一个重要方面，因而书中系统地记录了冷暖异常现象。但是当时没有温度计（1593年由意大利科学家伽利略发明，清顺治年间传入中国），怎么知道冷暖异常？古人发明了"物候"的方法，即通过雹雪冰霜的异常、动植物的异常等得知季节冷暖的异常，如表16。为便于读者理解和阅读，需要把各诸侯国不同的纪月统一换算为今公历的纪月。因此，本节拟讨论一下岁首问题。

（一）岁首问题

所谓岁首，即一年开始之月。

在第一章中已叙述，《史记·历书》等书所说的"三正论"（夏正以正月为岁首，殷正以十二月为岁首，周正以十一月为岁首），即夏、商、周三代使用岁首不同的历法，夏历以正月（现行农历一月，相当于现在公历2月）为岁首（一年的第一个月，下同），殷历以十二月（现行农历十二月，相当于现在公历1月）为岁首，周历以十一月（现行农历十一月，相当于现在公历12月）为岁首，实际上是不存在的。现代学者认为夏、商、周三代不存在完整的行于夏代的夏历、行于商代的殷历、行于周代（主要是西周）的周历；3种不同岁

①宋元人注.《四书五经》.下册.第173页.北京：北京市中国书店.1984.

首的历法是春秋战国时期不同诸侯国所施行的不同的历日制度[①]。据陈美东等研究：鲁国当时“置闰的方法尚不规范，而约在鲁定公七年（前503）后，19年7闰法见端倪”；认为岁首在“鲁僖公五年（前655）前多建丑”，“后多建子”，“且造成了一些年份建正（一年首月）的摆动：应是建丑的年份却成了建子年（前失一闰）或建寅年（前多一闰），对于应建子的时段却成了建亥年（前失一闰）或建丑年（前多一闰）”[②]。所谓“建丑”“建子”“建寅”“建亥”，都是历法术语。以冬至所在月为正月的，即为岁首的，称为建子，故冬至月又称建子月[③]；其后一个月，即冬至月后的第一个月为正月（岁首，下同），称建丑；再后一个月，即冬至月后的第二个月为正月，则称建寅。冬至月前的第一个月为正月，则称为建亥。

陈美东认为：表16中的鲁桓公十四年建正之月为建丑，即正月在冬至后的第一个月；鲁僖公三十三年是建亥年，正月在冬至前的第一个月；鲁文公八年为建子年，正月在冬至月；鲁宣公十五年为建子年，正月亦在冬至月；鲁成公元年为建子或建亥年（本书以建子年计，正月在冬至月），鲁成公十六年、鲁襄公二十八年、鲁昭公三年和四年、鲁哀公十二年和十三年，均为建子年，它们这些年的正月都在冬至月[④]。冬至，节气名称，二十四节气之一。该日在北半球白昼最短，黑夜最长，故古籍中又称日短至、日南至。为农历十一月中的一个节气，相当于每年公历12月22日前后[⑤]。也就是说，公历12月为冬至月。因此，建子月相当于今公历12月，建丑月相当于今公历1月，建寅月相当于今公历2月，建亥月相当于今公历11月。

（二）偏暖记录析解

偏暖记载见表16，有11条（13项）记载，可分为4个组；第1组生物异象记载，有5条（7项）；第2组无冰记载，有3条；第3组大雨雹记载，有2条；第4组雨木冰记载，有1条。

①生物异象记载。包括动物异象4条，植物异象1条（3项）。

---

①徐振韬主编.《中国古代天文学词典》.第196页.北京：中国科学技术出版社.2008.
②陈美东.《鲁国历谱及春秋、西周历法》.载《自然科学史研究》2000年第2期.
③徐振韬主编.《中国古代天文学词典》.第108页.北京：中国科学技术出版社.2008.
④陈美东.《鲁国历谱及春秋、西周历法》.载《自然科学史研究》2000年第2期.
⑤徐振韬主编.《中国古代天文学词典》.第51页.北京：中国科学技术出版社.2008.

表16 《春秋》中冬温春暖记载

年 份	季节和月份（相当于公历）	地点	现象
桓公十四年（前698）	春正月（建丑年）（相当于10月）	鲁	无冰
僖公三十三年（前627）	十二月（建亥年）（相当于10月）	鲁	陨霜不杀草，李、梅实
文公八年（前619）	冬十月（建子年）（相当于9月）	鲁	螽
宣公十五年（前594）	冬（建子年）	鲁	蝝生
成公元年（前590）	二月（建子年）（相当于1月）	鲁	无冰
成公十六年（前575）	春正月（建子年）（相当于12月）	鲁	雨木冰
襄公二十八年（前545）	春（建子年）	鲁	无冰
昭公三年（前539）	冬（建子年）	鲁	大雨雹
昭公四年（前538）	春正月（建子年）（相当于12月）	鲁	大雨雹
哀公十二年（前483）	冬十二月（建子年）（相当于11月）	鲁	螽
哀公十三年（前482）	十二月（建子年）（相当于11月）	鲁	螽

A. 动物异象记载。有鲁文公八年（前619）冬十月，“螽”，鲁宣公十五年（前594）“冬，蝝生”；鲁哀公十二年（前483）“冬十有二月，螽”；鲁哀公十三年（前482）冬“十有二月，螽”，共4条。

“螽”为蝗虫，是害虫。“蝝”为螽之幼虫。北宋孙复（992～1057）指出：鲁宣公十五年“秋中之螽（指当年八月的螽灾）未息，冬又生子，重为灾”，又说：“一般螽为灾于夏，是蝝生于秋。”而现生于“冬”，可见其不

时也，即气候异常。《左传》在注鲁哀公十二年的“冬十有二月，螽”时，引用了鲁国大夫季孙氏问孔子，孔子回答的一句话：“火（指大火，恒星）伏而后蛰者毕，今火犹西流，司历过也。”即是失闰之故（漏设了闰月的原因）。宋吕大圭（1227～1275）指出：“左氏以为失闰之故，然明年（指哀公十三年）九月螽，又十二月螽，恐不专为失闰。”《公羊传》也明确认为是“不时也”。宋家铉翁（1213～？）则更明白地说：“十二月螽，气燠也。宣十五年，冬蝝生，与此记同。”[①] 鲁文公八年、鲁宣公十五年、鲁哀公十二年和十三年均为建子年，其十二月相当于今公历11月，螽灾（蝗灾）盛于夏、秋即5～9月，11月还有螽害，明显是“不时”，是“气燠”。因此，上述4例螽害都说明在公元前619、前594、前483和前482年的冬天“燠也”，即都是暖冬。

B. 植物异象记录。有鲁僖公三十三年（前627）十二月“陨霜不杀草，李、梅实”，记1条3项。对此条，《谷梁传》注：“未可杀而杀，举重也。可杀而不杀，举轻也。”胡传则曰：“哀公问于仲尼曰，春秋记陨霜不杀草，何为记之也。曰……”“夫宜杀而不杀，则李、梅冬实，天失其道……四时失其序。”[②] 仲尼即孔子；孔子回答鲁哀公说，十二月宜杀草、李、梅，未杀，李冬实，梅冬实，天失其道，四季失序，气候异常。《公羊传》也记为“不时也”。鲁僖公三十三年为建亥年，当年十二月相当于今公历11月，公历每年10月23日或24日为“霜降”节气，即每年的10月23、24日前后会“陨霜”，进入初冬时节。鲁僖公三十三年即公元前627年，在鲁国下的霜没能像往年那样能“杀草”，说明下的“轻霜”。而且，原产于黄河中下游地区的李树（*Prunus salicina*）、梅树（*Prunus mume*）在10月霜降后应该落叶的（如李树于3月中下旬灌浆，4月中旬开花，7～8月结果，11月落叶[③]），却不落叶，依然枝叶繁茂（即“实”）。这正如孔子说的，是“天失其道”“四时失序”。陨霜后，霜不杀草，李、梅又枝叶繁茂，三者同时证明了僖公三十三年的冬天是一个暖冬。

②无冰记录。有鲁桓公十四年（前698）春正月，“无冰”；鲁成公元年（前590）二月，“无冰”；鲁襄公二十八年（前545）“春，无冰”，共3条。

---

①宋元人注.《四书五经》.下册.第534页.北京：北京市中国书店.1984.

②宋元人注.《四书五经》.下册.第212页.北京：北京市中国书店.1984.

③俞德浚编著.《中国树木分类学》.第55页.北京：农业出版社.1979.

鲁桓公十四年为建丑年，其春正月“无冰”相当于今公历1月“无冰”。鲁成公元年是建子年，其二月“无冰”相当于今天公历1月“无冰”。鲁襄公二十八年是建子年，其“春，无冰”相当于今公历12月、1月、2月——最冷3个月“无冰”。对此，《公羊传》明确地指出这是“记异也”，认为是天气异常。那么什么是异常？《谷梁传》更为直截了当地指明：“时燠也”[①]。时，为季节也；燠，温暖也。也就是说，公元前698年、前590年、前545年这几个年份在发生地今山东南部的鲁地最冷月份（公历1月）和最冷的几个月（公历12月、1月、2月）都不结冰，可见冬温春暖之甚。

③大雨雹记录。有鲁昭公三年（前539）“冬，大雨雹”；鲁昭公四年（前538）“春王正月，大雨雹”，两条。鲁昭公三年、四年都是建子年，昭公三年冬相当于今公历9～11月；昭公四年正月，则相当于今公历12月。即说在昭公三年和四年的冬天和春初寒冷的时节，鲁地不但没有下应该下的大雪，却下了6～9月才下的大雨雹，即出现少见的冬雹、春雹。毫无疑义，这是冬温春暖的异常天气造成的。

④雨木冰记录。有鲁成公十六年（前575）“春王正月，雨木冰”，一条。

雨木冰者，又称雨凇，即下的雨水接近地面时遇到冷空气，雨水着木为冰。宋代大儒朱熹科学地指出：“上温，故雨而不雪；下冷，故着木为冰。”[②]鲁成公十六年为建子年，春正月相当于今公历12月，这是下雪结冰的时节，然而“上温”，不下雪而下雨。可见，鲁成公十六年春正月该冷不冷，气候反常，是一个暖春。

以上4组记录，都清楚地表明在鲁桓公十四年（前698）、鲁僖公三十三年（前627）、鲁文公八年（前619）、鲁宣公十五年（前594）、鲁成公元年（前590）、鲁成公十六年（前575）、鲁襄公二十八年（前545）、鲁昭公三年和四年（前539、前538）、鲁哀公十二年和十三年（前483、前482）11个年份的春、冬季节都有异常，出现了冬温春暖的现象。

①宋元人注.《四书五经》.下册.第85～86页.北京：北京市中国书店.1984.

②宋元人注.《四书五经》.下册.第320～321页.北京：北京市中国书店.1984.

（三）冷记录析解

与冬温春暖的气候异常相对应的是冬春奇寒的异常气候，在《春秋》242年间则基本上没有出现，不过“早冷”的异常气候和时暖时冷的异常气候记载还是有的。

①早冷记载。鲁桓公八年（前704）“冬十月，雨雪”；鲁僖公十年（前650）“冬，大雨雪”；鲁定公元年（前509）“冬十月，陨霜杀菽”，共3条。

《公羊传》注这几条时都指出：“何以书，记异也。”那么是什么异？“不时也。”怎么不时？东汉何休（129～182）注鲁桓公八年条曰：“周之十月，夏之八月，未当雨雪。”①何休说的“周之十月”并不相当于夏之八月，前面已有叙述。但天文学家认为鲁桓公八年是建丑年或建寅年②，按建丑计“周之十月”相当于公历10月；按建寅年计，“周之十月”相当于今公历9月，“未当雨雪”则是对的。《春秋》记载当年十月下雪，说明鲁桓公八年早冷。明代湛若水（1466～1560）注鲁僖公十年曰：“周之冬，酉、戌、亥月即夏之八、九、十月也（相当于今公历9、10、11月），是时阴结而未凝，故以为异。”③也就是说，周之冬是初冷，不是大冷，不该下大雪、结大冰。《春秋》记载下了大雪，说明鲁僖公十年冬的天气出现了异常，是一个寒冬。“菽”为大豆（*Glycine max*），一年生草本植物，按种子的颜色分为黄豆、青豆、黑豆等。鲁定公元年“冬十月，陨霜杀菽”。《公羊传》认为：杀菽，既是灾害又是异常，且是“异大于灾”；《谷梁传》则曰：“未可杀而杀，举重；可杀而不杀，举轻。其曰菽，举重也。”即认为是重霜，不是一般的霜。鲁定公元年十月之霜，杀死了往常一般的霜不可杀死的大豆，说明当年是“重霜”，即早冷。

以上说明，公元前704年、前650年、前509年的冬天，或是早冷或是寒冬的季节。

②时暖时冷记载。有鲁隐公九年（前714）“三月癸酉，大雨，震电；庚辰，大雨雪”记载。《左传》注：“三月癸酉，大雨霖以震，书始也。庚辰，

①宋元人注.《四书五经》下册.第77页.北京：北京市中国书店.1984.

②陈美东.《鲁国历谱及春秋、西周历法》.载《自然科学史研究》2000年第2期.

③宋元人注.《四书五经》下册.第167页.北京：北京市中国书店.1984.

大雨雪。亦如之，书时失也。”《公羊传》曰：“何以书，记异也。何异尔，不时也。”《谷梁传》进一步注：“三月癸酉，大雨，震电。震，雷也。电，霆也。庚辰，大雨雪”“八日之间，再有大变，阴阳错行。”胡传明确指出：“周三月，夏之正月也。雷未可以出，电未可以见，而大震电，此阳失节也。雷已出，电已见，则雪不当，复降，而大雨雪，此阴气纵也。”[①] 鲁隐公九年为建丑年，其三月相当于公历3月。此时，“雪未可以出，电未可以见，而大震电”；雨也不至于大，何为大雨？《左传》曰“自三日以往为霖”，可见雨之大、时间之长。这完全是今公历6～8月的天气。因此，三月癸酉日的天气反常，过于暖和。既然三月癸酉日的“雷已出，电已见，则雪不当”，即说此日已如此之暖和，以后不该再有雪。可是，八日之后“再有大变”“复降”雪，且是“大雨雪”。大到什么程度？《左传》曰“平地尺为大雪”，即大到平地上积雪达到一尺。这是大冷的标志。可见，鲁隐公九年三月的大暖大冷变化之烈。

（四）大雨霖析解

首先，“雨”字有两义：一是名词，为“从云层中降向地面的水”；二是动词，意为“下”[②]。

《春秋》中“雨”字这两义都有，前者如鲁僖公三年（前657）六月“雨”、鲁定公十五年（前495）九月丁巳“雨不克葬”；后者如鲁庄公七年（前687）夏四月辛卯夜“星陨如雨”、鲁文公三年（前624）秋“雨螽于宋”。

第二，《春秋》中有大雨霖记载，所以《左传》说“自三日以往为霖”，即记有大雨的体例。《左传》等认定，表17中第1号为大雨霖，同时气温也异常，这在前面已有阐述。那么除了这一次，《春秋》中还有没有别的大雨或大雨霖异常？我们先把表17中的第4、第8号两个动词的“雨”字排除；然后把第3、第5、第9、第10、第13号5个没有大字的“雨”排除；现在关键的是第2、第6号两次大雨雪，第7、第11、第12号3次大雨雹，在下雪、雹的同时有否下大雨？笔者认为：①按“平地尺为大雪”，下这么大雪的同时，不

① 宋元人注.《四书五经》下册.第56页.北京：北京市中国书店.1984.

② 《现代汉语词典》.第五版.第1664、1667页.北京：商务印书馆.2006.

表17 《春秋》中"雨"字

编号	时　间	原文
1	鲁隐公九年(前714)三月癸酉	大雨，震电
2	鲁隐公九年(前714)三月庚辰	大雨雪
3	鲁桓公八年(前704)冬十月	雨雪
4	鲁庄公七年(前687)夏四月辛卯夜	星陨如雨
5	鲁僖公三年(前657)六月	雨
6	鲁僖公十年(前650)冬	大雨雪
7	鲁僖公二十九年(前631)秋	大雨雹
8	鲁文公三年(前624)秋	雨螽于宋
9	鲁宣公八年(前601)冬	雨不克葬
10	鲁成公十六年(前575)正月	雨木冰
11	鲁昭公三年(前539)冬	大雨雹
12	鲁昭公四年(前538)正月	大雨雹
13	鲁定公十五年(前495)九月	雨不克葬

注：7次"不雨"(见表9)的"雨"未收入本表

太可能下雨，更不可能下"大雨"，因此两次"大雨雪"的"雨"字是动词，而不是名词。②按"自三日以往为霖"，为大雨。三次大冰雹已是异常（见前述），如同时下"三日以往"的大雨，则异上加异，可是三传（《公羊传》《谷梁传》《左传》）和古人对此从来没有任何注释和说明。笔者在没有足够证据之前从众，也不下有"大雨"的结论。

综上所述，笔者认为可以得出以下两个结论：

①《春秋》自鲁隐公元年（前722）至鲁哀公十四年（前481）242年间，偏暖的年份至少有：鲁桓公十四年（前698）、鲁僖公三十三年（前627）、鲁文公八年（前619）、鲁宣公十五年（前594）、鲁成公元年（前590）、鲁成公十六年（前575）、鲁襄公二十八年（前545）、鲁昭公三年和四年（前539、前538）、鲁哀公十二年和十三年（前483、前482），共11个年份。偏

冷的年份至少有：鲁桓公八年（前704）、鲁僖公十年（前650）、鲁定公元年（前509），共3个年份。忽冷忽热的年份至少有鲁隐公九年（前714），1个年份。冷热异常共15个年份，占《春秋》所记242年的6.19%，也就是说《春秋》242年间，其冷热气温的变化总体上是很稳定的，有93%多的年份冷暖没有发生异常。

②在发生气温异常的15个年份中，偏暖的异常占有11个年份，占全部气温异常的73.33%。也就是说，偏暖的异常在《春秋》242年间气温异常变化中占着主导地位。

第四章

开创系统的地象记录

地象记载并不始于《春秋》，在其之前的一些古文献中已有地象记载，比较著名的是《诗经·小雅·十月之交》诗篇中记述的："爗爗震电，不宁不令，百川沸腾，山冢崒崩。高岸为谷，深谷为陵。"震电为暴雷强电，爗爗指电光闪烁；不宁不令，意为政令无法下达，百姓不得安宁；冢为山顶，崒指猝急，山冢崒崩是说山顶一下子崩塌了；岸指山崖，高岸为谷是指高高的山崖突然变成了谷地；陵同岭，深谷为陵是指深幽的谷地变成了山岭。此首诗写于周幽王六年（前776），是讽刺周幽王乱政殃民，遇到日食、地震、山崩、河沸等一系列灾异，还不知警省，继续祸国害民。有学者认为，上述诗句意指山崩引起那么巨大的变化①；有学者认为，上述诗句意是地震引起了这么巨大的变迁，正如《国语·周语》所曰"周幽王二年（前780），西周三川皆震……三川竭，岐山崩"②（三川，为泾水、渭水、洛水；岐山位于今陕西岐山县东北）。笔者赞同后者意见，是地震引发山川一系列巨变。但是，上述诗句无论是仅指山崩，还是指地震导致暴雨、河沸、震雷、山崩、高山变深谷、幽谷成山岭，都是地象记载则是无疑的。然而系统的且有明确时间和地点的地象记载，毫无疑问亦是始于《春秋》。

《春秋》中的地象记载，包括：艾山、郎山、奚山、梁丘山、沙鹿山、黑山、梁山等山；中丘、楚丘、祝丘、咸丘、桃丘、穀（谷）丘、余丘、乘丘、葵丘、牡丘、帝丘、鄟丘、清丘、苕丘（或招丘）、邢丘、闾丘、重丘、平丘、铁丘、瘫丘等丘。其中，最有价值的是地震和山崩的灾异记载。

一、系统的地震记载

在第一章第二节中，我们讲了中国最早的地震记载可以追溯到公元前23世纪帝舜时代。但是，系统的地震记载则始于《春秋》，包括有明确的年月日

①宋正海总主编.《中国古代重大自然灾害和异常年表总集》.第33页.广州：广东教育出版社.1992.

②高亨注.《诗经今注》.第280~282页.上海：上海古籍出版社.1980.

时间记载的地震也始于《春秋》。

（一）《春秋》中的一组地震记载

根据1956年出版的《中国地震资料年表》[①]、1963年出版的《中国地质史料》[②]、1983～1985年出版的《中国地震历史资料汇编》[③]，《春秋》以前发生的地震有以下几次：

帝舜时期（约公元前23世纪），发生于帝都蒲坂（今山西永济西南蒲州），“墨子曰：三苗欲灭时，地震泉涌”。见于（北宋）李昉等编撰的《太平御览》第880卷，《墨子·非攻下》亦有记载。

夏帝发七年（约前十七世纪中期），发生于泰山（今山东泰安北），“泰山震”。见于王国维《今本竹书纪年疏证》卷上。

夏帝桀末年（约前十七世纪晚期），发生于桀都（今河南偃师南），“夏桀末年，社坼裂，其年为汤所致”。见于王国维《古本竹书纪年辑校》，《太平御览》第880卷、《路史·后记》也均有记述。又，《中国地震历史资料汇编》认为：王国维《今本竹书纪年疏证》卷上所载，夏帝桀十年“夜中星陨如雨，地震，伊、洛竭”，与夏帝桀末年地震可能“为同一次地震”[④]。

商帝乙三年（约前1189）六月，发生于周国（国都在今陕西岐山东北），“夏六月，周地震”。见于王国维《今本竹书纪年疏证》卷上。

周文王八年（约前1137）六月，发生于周都丰（今陕西西安市长安区沣水西岸），“周文王立国八年，岁六月，文王寝疾五日而地动，东西南北，不出国郊”。出自《吕氏春秋·制乐》篇。

周幽王二年（前780），发生于周都镐（今陕西西安市长安区沣水东岸）、三川（泾水、洛水、渭水）之地、岐山，“幽王二年，西周三川皆震……是岁也，三川竭，岐山崩”。见于《国语·周语》，《史记·周本纪》《史记·十二诸侯年表》《诗经·小雅·十月之交》都有记载。

---

①中国科学院地震工作委员会.《中国地震资料年表》（2卷本）.北京：科学出版社.1956.

②王嘉荫编著.《中国地质史料》.北京：科学出版社.1963.

③中国地震历史资料编辑委员会总编室.《中国地震历史资料汇编》(5卷本）.北京：科学出版社. 1983~1985.

④中国地震历史资料编辑委员会总编室.《中国地震历史资料汇编》(5卷本）.第2页.北京：科学出版社. 1983~1985.

可见以上6次地震，历经帝舜时期和夏、商、周（西周），从公元前23世纪至公元前780年，历时一千五六百年；亦可见上述古书中这些地震记录是零星的，不成系统，散见于多种古代文献，也都缺乏明确的年月日记载。而《春秋》中，则有一组5次系统的地震记载（表18）。它不但是中国也是世界上最早成系统的，且有明确的时间和地点的一组地震记载。

表18 《春秋》中地震记载

年代	记录	地点	折算公元时间	震级(约数)
鲁文公九年	九月癸酉地震	鲁都曲阜	前618年9月22日	4
鲁襄公十六年	五月甲子地震	鲁都曲阜	前557年3月27日	4
鲁昭公十九年	五月己卯地震	鲁都曲阜	前523年4月13日	4
鲁昭公二十三年	八月乙未地震	鲁都曲阜	前519年8月6日	4
鲁哀公三年	夏四月甲午地震	鲁都曲阜	前492年3月17日	4

《公羊传》注鲁文公九年的地震，指出："地震者何，动地也。何以书，记异也。"①可见，这次地震是造成"动地"的有感地震，但是它不是破坏性地震（5级及以上地震），没有造成灾难，因而不是记灾，而是"记异"。其他4次地震，笔者认为是类同鲁文公九年的地震。所以，《春秋》中没有更多的别的记载，《公羊传》《谷梁传》《左传》也没有更多的另外的注释。《中国历史有感地震目录》也都把《春秋》中的5次地震定为4级②，即多数人有感觉，悬挂物明显摆动，少数人梦中惊醒（表19）③。

这一组地震都发生在鲁国，也都发生在《春秋》的中后期（自公元前618年至前492年）。其中有4次发生在《春秋》的干旱期（见第三章第一节）：第一次地震（前618），发生于公元前663～前602年的第一个干旱期中；第二次（前557）、第三次（前523）、第四次（前519）地震，都发生于公元前568～前503年的第二个干旱期。从《春秋》的记载看，这些地震可能促进或加剧了干旱期的形成和干旱的程度。例如，鲁文公九年九月发生地震，次年"自正月不雨至于七月"；鲁襄公十六年夏五月地震，当年秋"大雩"等。

①宋元人注.《四书五经》.下册.第230页.北京：北京市中国书店.1984.

②刁守中、晁洪太主编.《中国历史有感地震目录》.第1页.北京：地震出版社.2008.

③《彩图科技百科全书·地球》.第236页.上海：上海科学技术出版社、上海科技教育出版社.2005.

《春秋》开创对地震的系统记载，以后的史书、地方志等古籍都步其后尘。因而，为中国和世界留下了世界上最丰富的、系统的且连续2000多年的宝贵历史地震资料。据统计，1956年出版的《中国地震资料年表》“收有（地震）资料15000余条，涉及地震8000余次，其中记有破坏者达850余次”[①]。2008年出版的《中国历史有感地震目录》记录地震9121条[②]。

表19 地震烈度表

震级	人的感觉	房屋震害程度		其他震害现象
		震害现象	震害指数	
Ⅰ	无感			
Ⅱ	个别人有感觉			
Ⅲ	室内少数人有感觉	门、窗轻微作响		悬挂物微动
Ⅳ	室内多数人有感觉，少数人梦中惊醒	门、窗作响		悬挂物明显摆动
Ⅴ	室内外人有感觉，多数人梦中惊醒	门窗、屋顶颤动作响有灰土、檐瓦掉落		不稳定器物摆动或翻倒
Ⅵ	多数人站立不稳，少数人惊逃户外	墙体出现裂缝，少数屋顶、烟囱出现裂缝和掉落	0～10%	河岸、松土出现裂缝，饱和砂层出现喷砂冒水
Ⅶ	骑车、乘车的人有感觉，大多数人惊逃户外	墙体、屋顶开裂	11%～30%	河岸出现塌方，松土裂缝加大增多
Ⅷ	多数人摇晃，行走困难	结构性破坏	31%～50%	干硬土出现开裂，树梢折断
Ⅸ	行动的人摔倒	结构性严重破坏	51%～70%	基岩出现裂缝、错动，常见滑坡
Ⅹ	人有抛起感	房屋大多数倒塌	71%～90%	出现山崩、断裂
Ⅺ		房屋全部倒塌	91%～100%	山、河改观
Ⅻ				

* 表中“个别”为10%以下，少数为11%～50%，多数51%～70%，大多数为71%～90%

* 对原表有改动

①陈国达等总主编.《中国地学大事典》.第357~358页.济南：山东科技出版社.1992.

②刁守中、晁洪太主编.《中国历史有感地震目录》.编者说明.北京：地震出版社.2008.

（二）《春秋》首创“地震”一词

地震是地球内部构造和物质突然变化所引发的地面震动，是人类最为严重的自然灾害之一。例如，元代大德七年八月辛卯（1303年9月15日）发生于山西太原、平阳、汾州等地的地震，“塌死人四十七万五千八百”[①②]；明代嘉靖三十四年十二月十二日（1556年1月23日）发生于陕西华县等地的地震，“官吏军民压死八十三万有奇”[③]。

全球地震主要分布于4个地震带：①环太平洋地震带；②地中海—喜马拉雅地震带；③大陆断裂地震带；④洋中脊地震带（图2）[④]。中国既处于环太平洋地震带的边缘地域，又属于地中海—喜马拉雅地震带的边缘地区，还有大陆断裂地震带横穿大陆，是一个地震多发的国家。《大美百科全书》“地震”条目列有856～1992年世界重要地震表，共43条，中国占5条[⑤]，是所列表中地

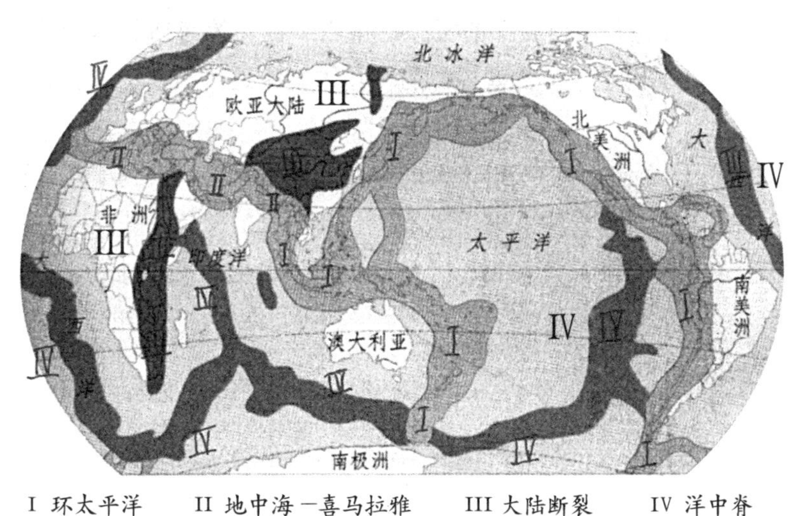

图2 全球地震带

① 《元史·五行志》.

② 元大德十一年《河伯将军为记》木牌.

③ 《明史·地理志》.

④ 《彩图科技百科全书·地球》.第31页.上海：上海科学技术出版社、上海科技教育出版社.2005.

⑤ 《大美百科全书》（中文繁体字版）.第9卷.第258~261页；第24卷.第237~238页.北京、台北：外文出版社、光复出版社.1994.

震最多的国家之一。《不列颠百科全书》“地震”条目列有365～2001年的世界重要地震表，共75条[①]，中国占11条，也是所列表中地震最多的国家之一。中国不但是地震记载最早、最多、最系统的国家，而且是对地震开展研究最早的国家。早在2000多年前的战国时代，人们已经探讨地震的成因，“阳伏而不能出，阴迫而不能烝，于是有地震”[②]；早在400多年前，明代嘉靖进士、陕西咸宁人秦可大就写出中国和世界第一篇地震论文——《地震记》[③④]。中国也是最早认识地震的国家，认识到地震是沿着一定方向的地面震动，依此原理，东汉科学家张衡在1800多年前创制了世界上第一台测量地震的仪器——候风地动仪[⑤]。而在西方国家认识到地震是沿着一定方向的地面震动，最早是18世纪的英国学者J. 米歇尔（John Michell，1724～1793）。19世纪英国学者R.马利特（Robert Mallet，1810～1881）重新确认这个原理，并指出这个原理是地震学发展史上一个具有里程碑性质的认识，从此开启了西方现代地震学的研究阶段[⑥]。事实上，中国古人对地震学的贡献远不止于此，笔者研究《春秋》，发现“地震”一词最早也是中国古人提出的，具体说即是《春秋》首创的。

笔者查阅《中国大百科全书》的“地震”“地震学”等条目[⑦⑧]，未见对“地震”一词的由来作出交代；查阅《辞源》[⑨]《辞海》[⑩]《汉语大词典》[⑪]的“地震”词目，均未见“地震”一词由来的交代；查检《不列颠百科全书》《大美百科全书》“地震”“地震学”条目也未见“地震”一词由来的

①《不列颠百科全书》（国际中文版修订版）.第5卷.第449~451页；第15卷.第194页.北京：中国大百科全书出版社.2007.

②《国语·周语》.

③陈国达等总主编.《中国地学大事典》.第356页.济南：山东科技出版社.1992.

④中国科学院地震工作委员会.《中国地震资料年表》（2卷本）.第383～385页.北京：科学出版社.1956.

⑤《中国大百科全书·固体地球物理学·测绘学·空间科学》卷.第175页.北京：中国大百科全书出版社.1985.

⑥《中国大百科全书·固体地球物理学·测绘学·空间科学》卷.第175页.北京：中国大百科全书出版社.1985.

⑦《中国大百科全书·固体地球物理学·测绘学·空间科学》卷.第149～154、175～176页.北京：中国大百科全书出版社.1985.

⑧《中国大百科全书·地质学》卷.第138～141页.北京：中国大百科全书出版社.1993.

⑨《辞源》.（1983年版）.第1卷.第590页.北京：商务印书馆.1983.

⑩《辞海》.（1999年合订版）.第1497页.上海：上海辞书出版社.1999.

⑪《汉语大词典》第二版.第2卷.第1016页.上海：汉语大词典出版社.2001.

交代①②。笔者查遍所载中国历史地震资料的书籍，统计出《春秋》之前的地震记载有上述的6次，6次中出现“地震”一词的有两次，一次是帝舜时期的地震，资料出自北宋时期的《太平御览》；一次是商帝乙三年的地震，资料见于王国维的《今本竹书纪年疏证》（见本章第一节）。《太平御览》是北宋类书，始于北宋太平兴国二年（977），成于八年（983）③，距《春秋》1400年以上，而且它所依据的《墨子·非攻下》记载是：子墨子曰“昔者三苗大乱，天命殛之。日妖宵出，雨血三朝。龙生庙，犬哭乎市。夏冰，地坼及泉，五谷变化，民乃大振。（乃命禹）以征有苗……苗师大乱，后乃遂几”。原文记载中没有“地震泉涌”的字样，《中国地震历史资料汇编》认为这4个字是《太平御览》转载《墨子》一书的佚文④。笔者认为，《汇编》的这个观点缺乏足够证据，而且即便是《墨子》的佚文，《墨子》也是战国时代作品，与《太平御览》一样，都晚于《春秋》。《竹书纪年》是战国时期魏国的史书⑤，亦晚于《春秋》。也就是说，《太平御览》所载帝舜时期的地震资料，《竹书纪年》所记商帝乙三年地震资料，作为出处的古籍年代都晚于《春秋》，故而两书中的“地震”一词，都晚于《春秋》。

在记录上述6次地震的9部古籍中：北宋的《太平御览》，战国时的《墨子》《竹书纪年》《吕氏春秋》《国语》，南宋的《路史》，西汉的《史记》，西周至春秋时期的《诗经》。在年代上，唯有《诗经》早于《春秋》。《诗经·小雅·十月之交》所记的地震，“爗爗震电，不宁不令，百川沸腾，山冢崒崩。高岸为谷，深谷为陵”，毫无疑问是一次破坏性地震，即为周幽王二年（前780）的地震。在早于《春秋》的《诗经》中记载的周幽王二年地震的文字中没有出现“地震”一词，《诗经》全书也未见“地震”一词；《国语·周语》同样记载这次地震，则使用了“地震”一词，但是《国语》为战国

①《不列颠百科全书》（国际中文版修订版）.第9卷.第449～451页.第15卷.第194页.北京：中国大百科全书出版社.2007.

②《大美百科全书》（中文繁体字版）.第9卷.第258~261页；第24卷.第237~238页.北京、台北：外文出版社、光复出版社.1994.

③《中国大百科全书·中国历史》卷.第1082页.北京：中国大百科全书出版社.1992.

④中国地震历史资料编辑委员会总编室.《中国地震历史资料汇编》（5卷本）.第1页.北京：科学出版社.1983~1985.

⑤《中国大百科全书·中国历史》卷.第1614页.北京：中国大百科全书出版社.1992.

时期的著作，晚于《春秋》。其他早于《春秋》的《尚书》《易经》等古籍中，均未见“地震”一词。可见“地震”一词最早出于《春秋》一书，《春秋》首创了“地震”一词。以后2500年一直沿用这个词，并在当今业经国家科学技术名词委员会批准、成为地质学和地球物理学中的一个标准术语[①②]。

二、珍贵的山崩记载

《春秋》中地象方面的记载，不但有一组地震记载，还有两条关于山崩的记载：一为鲁僖公十四年（前646）“秋八月辛卯，沙鹿崩”，一为鲁成公五年（前586）夏，“梁山崩”。

（一）《春秋》中的山崩记载

《春秋》中山崩的记载，有两条。

1. 沙鹿崩

《公羊传》注：“沙鹿者何？河上之邑也。此邑也，其言崩何？袭邑也。沙鹿崩，何以书？记异也。外异不书，此何以书，为天下记异也。”[③]《公羊传》认为，沙鹿是黄河岸旁（晋国）的一个城邑，受黄河之水的侵袭城垣崩垮，造成异常，但没有形成灾害。《春秋》体例是鲁地之外的灾异一般是不收的，此事因为特别异常，故记载下来。《谷梁传》的主张则不同于《公羊传》，指出：沙是山名，有山有林才有鹿。宋代刘敞（1019～1068）更进一步说：《公羊传》认为沙鹿是河上之邑，非也。沙鹿指沙鹿山，它不系“山”字，犹如《尚书·禹贡》篇中的桐柏、积石皆不冠以“山”字一样，到荆山、岷山才冠以“山”字[④]。刘敞的看法，逐渐成为人们的共识：即沙鹿为山，非“河上之邑”，其山崩是一种很少见的特殊的自然灾异，因而《春秋》破例将其收录。

① 《地质学名词》.第4页.北京：科学出版社.1993.

② 《地球物理学名词》.第1页.北京：科学出版社.1988.

③④宋元人注《四书五经》.下册.第171页.北京：北京市中国书店.1984.

2. 梁山崩

《公羊传》注曰："梁山者何，河上之山也。梁山崩，何以书？记异也。何异尔，大也。何大尔，梁山崩，壅河三日不还。外异不书，此何以书，为天下记异也。"[①]《公羊传》既说梁山崩，是大事，且"壅河三日"，但又把它归为异常，这是值得讨论的。既是"壅河"，就是灾害了，而且不是小灾。《中国古代自然灾异动态分析》一书，对山崩、地裂事件的定级，把"山崩壅江"作为大型灾害的一个重要定级标准[②]。《谷梁传》记述有这样一个故事，从中可见梁山崩导致黄河壅此事的影响之大：因为梁山崩，壅堵黄河山西段三日不流，晋国国君急召大臣伯尊，问他怎么办。伯尊赶去见国君的路上，迎面遇到一位推车的车夫，车夫不但不让路，而且鞭马快走，说是道远赶路。伯尊下车问他，是否知晓梁山崩、壅堵黄河三天？车夫说知道。伯尊说，国君召我问此事，我如何回答？车夫说：天有山，天崩之；天有河，天壅之，国君虽召伯尊，如之何？伯尊继续虚心求教，询问如何答复国君？车夫说：国君要亲自穿素衣，率群臣哭而拜祠，黄河水就会流起来。伯尊见了国君，按车夫之言答复国君[③]。

梁山位于晋国，按《春秋》体例外灾一般不书，《春秋》何以书之？因为此种灾异影响太大了，故"为天下记异"。

（二）《春秋》首创"山崩"一词

笔者查阅《中国地质史料》（1963）、《中国地震历史资料汇编》（1983～1985）、《中国古代重大自然灾害和异常年表总集》（1992）、《中国古代自然灾异整体性研究》（2002）等一系列现有书籍，悉知中国最早的一次山崩，是周幽王二年（前780）"西周、三川皆震……三川竭，岐山崩"，见于《国语·周语》《史记·周本纪》《史记·十二诸侯年表》。《诗经·小雅·十月之交》对此亦有记述："百川沸腾，山冢崒崩。高岸为谷，深谷为陵。"即由地震引发的一次山崩。有的书把《诗经·小雅·十月之交》记述的

①③宋元人注《四书五经》下 册.第300页.北京：北京市中国书店.1984.

②宋正海、高建国、孙关龙、张秉伦著.《中国古代自然灾异整体性研究》.第1卷.《中国古代自然灾异动态分析》.第67页.合肥：安徽教育出版社.2002.

此次地震、山崩计为周幽王六年（前776）[①②]，把作该首诗的时间作为地震、山崩发生的年份是欠妥的。实际上诗句是事后对周幽王二年地震的描述，文学研究家也都是这个意见[③]。从其描述中，清晰地知晓这是一次破坏性地震，引发山崩等一系列次生灾害。这也是中国历史上迄今知晓的早于《春秋》的唯一一次山崩记载。

对这次山崩，有以上三种文献作四处记载。其中早于《春秋》的是《诗经·小雅·十月之交》，该首描述地震、山崩的诗篇没有使用“地震”“山崩”词汇。其他三处文献出处，都有“山崩”一词出现，但它们都是战国时期或西汉时期的著述，时间上都晚于《春秋》。也就是说，《春秋》中“山崩”一词的出现要早于《国语》《史记》。经进一步调查，《辞源》《辞海》《中国大百科全书》第一版均没有“山崩”的词条，《大美百科全书》《不列颠百科全书》也都没有设置“山崩”条目。《中国大百科全书》第二版设有“山崩”条目，未交代“山崩”一词的由来[④]。《汉语大词典》设有“山崩”“山崩地裂”“山崩川竭”等词目，也没有交代“山崩”一词的由来，列举山崩的实例有：《宋书·五行志五》中“元康四年（294）三月，蜀郡（今四川）山崩杀人”；《汉书·元帝纪》中“山崩地裂，水泉涌出。天惟降灾，震惊朕师”；《国语·周语》中“夫国必依山川，山崩川竭，亡之徵也”[⑤]。其中最早的文献为《国语·周语》，战国时期著述，晚于《春秋》。又查阅早于《春秋》成书的《尚书》《诗经》《易经》等著作，全都没有出现“山崩”一词。也就是说，《春秋》最早提出和运用“山崩”一词。

按照《春秋》体例，鲁国以外的外异外灾事例都是不记的，然而这两例发生在晋国的山崩事件都被记载了下来，我们不能不佩服《春秋》编修者孔子的战略眼光，把鲁国以外的灾异“山崩”作为自然灾异的一个种类记述下来，以“为天下记（灾）异也”。以后2000多年的事实证明了这个决策的正确性：后代的史书《史记》《汉书》《后汉书》《晋书》《魏书》《旧唐书》

---

①宋正海总主编.《中国古代重大自然灾害和异常年表总集》.第33页.广州：广东教育出版社.1992.

②宋正海、高建国、孙关龙、张秉伦著.《中国古代自然灾异整体性研究》.第1卷.《中国古代自然灾异动态分析》.第61、74页.合肥：安徽教育出版社.2002.

③高亨注.《诗经今注》.第282页.上海：上海古籍出版社.1980.

④《中国大百科全书》第二版.第19卷.第221页.北京：中国大百科全书出版社.2009.

⑤《汉语大词典》第二版.第3卷.第785～786页.上海：汉语大词典出版社.2001.

《新唐书》《宋史》《元史》《明史》《清史稿》等，还有不少地方志等古籍，都有“山崩”灾异的记载。其中《元史》在1321～1367年的40多年间，即记录“山崩”17条（表20）。笔者根据《中国古代重大自然灾害和异常年表总集》

表20 《元史》中1321～1367年间对山崩的记载

时间	记录	今省份	出处
至治元年(1321)	秦州成纪县暴雨、山崩……	甘肃	《英宗纪》
至治二年(1322)	南康、建昌州大水、山崩，死者四十七人，民饥	江西	《英宗纪》
泰定二年(1325)	巩昌路伏羌县大雨、山崩	甘肃	《泰定帝纪》
泰定四年(1327)	天全道山崩，飞石击人，中者辄死	四川	《五行志》
元统二年(1334)	鸡鸣山崩，陷为地，方百里，人死者众	云南	《五行志》
至元六年(1340)	秦州成纪县山崩、地裂	甘肃	《五行志》
至正二年(1342)	惠州雨水，罗浮山崩，凡二十七处坏民居	广东	《五行志》
至正三年(1343)	秦州秦安县南坡崩裂，压死人畜	甘肃	《五行志》
至正六年(1346)	广州增城罗浮山崩，水涌溢，溺死百余人	广东	《五行志》
至正九年(1349)	泉州大风雨，永春县南象山崩，压死者甚众	福建	《五行志》
	灵川县临江石崖崩	广西	《五行志》
至正十年(1350)	龙兴宁州大雨，山崩数十处	江西	《五行志》
至正十二年(1352)	赵城县霍山崩，涌石数里……山鸣如雷	山西	《五行志》
至正十五年(1355)	宁国敬亭、麻姑、华阳诸山崩	安徽、江西	《五行志》
至正十七年(1357)	象山县鹅鼻山崩，有声如雷	浙江	《五行志》
至正二十六年(1366)	蒲城县洛水和顺崖崩……压死……七十余人	陕西	《五行志》
至正二十七年(1367)	沂州东苍山有巨石……崩裂坠地	山东	《五行志》

的不完全记录统计，中国历史上“山崩”的记录至少有187条[①]。而且，与人类的生存、社会的发展密切相关，不少山崩造成巨大损失。例如，东汉延光四年（125）十月丙午，“蜀郡（今四川）越巂山崩，杀四百余人”[②]；元至大三年（1310）六月，“峡州路荆门州（今属湖北）大水、山崩，坏官廨民居二万一千八百二十九间，死者三千四百六十七人”[③]。相比之下，中国权威的工具书《辞源》《辞海》却连一个“山崩”的词条都没有，世界上权威的工具书《不列颠百科全书》《大美百科全书》亦是这样，太不应该。从科学上讲，早在50多年前，北京大学王嘉荫教授指出：中国古代所记载的山崩、地裂是新构造运动现象，它们对于研究新的构造运动“是很有意义的”[④]。

---

①宋正海总主编.《中国古代重大自然灾害和异常年表总集》.第33～39、103～104页.广州：广东教育出版社.1992.

②《后汉书·五行志》.

③（民国）《湖北通志》.第75卷.

④王嘉荫编著.《中国地质史料》.第83～93页.北京：科学出版社.1963.

第五章 开创系统的水象记录

在《春秋》中，记载的水象有：河流，包括濮水、曲水、泺水、时水、洙水、济水、淮河、泓水、黄河、汶水、溴水、漷水、长水、蛇水、沂水等；湖泽，含有曲池、琐泽、鸡泽、澶渊、汉泽、蛇渊、黄池；泉水，则有翟泉、盼泉、狄泉。其中最有价值的是系统的大水记载。

一、系统的大水记载

中国幅员广大，位于世界著名的季风气候区，受太平洋、印度洋季风的影响，冬、春季节雨量稀少，气候干旱；夏、秋季节温湿多雨，洪涝灾害频发。据不完全统计：自公元前206年至1949年的2155年间，发生较大的洪水灾害约1092次，平均约每两年发生洪水灾害一次[①]。在《春秋》之前的夏、商、周（西周）三代及其以前这方面便有记载。最为著名的是公元前23世纪尧舜时期“洪水泛滥中国，大禹治水”的事件[②]。现代科学研究已证实，大禹时期确是大洪水时期[③]。笔者曾进一步提出，无论在中国还是在世界上当时都存在一个灾害群发期，命名为夏禹洪水期[④]，以后甲骨文中记有连续18天下雨的记录，“丁酉雨，至于甲寅，旬又八日，九月”[⑤]。经研究，确认甲骨文中已出现“霖”（即滛雨）字及其“大水”一词[⑥]。然而，以前的“大水”记载都是零星的、欠系统的，而《春秋》则开创了系统记载“大水”的历史。

《春秋》在242年间共记载大水9次：鲁桓公元年（前711）秋大水、十三

①胡明思、骆承政主编.《中国历史大洪水》.上卷.第1～2页.北京：中国书店.1989.

②《史记·夏本纪》.

③孙关龙.《夏禹洪水期》.载《中国古代自然灾异整体性研究》第2卷.《中国古代自然灾异群发期》第2～30页.合肥：安徽教育出版社.2002.

④孙关龙.《夏禹洪水期》.载《中国古代自然灾异整体性研究》第2卷.《中国古代自然灾异群发期》第2～40页.合肥：安徽教育出版社.2002.

⑤胡厚宣《甲骨续存》.第10976片正.上海：群联出版社.1955.

⑥张德二主编.《中国三千年气象记录总集》.第206、211页.南京：凤凰出版社、江苏教育出版社.2004.

年（前699）夏大水，鲁庄公七年（前687）秋大水、十一年（前683）秋宋大水、二十四年（前670）八月大水、二十五年（前669）秋大水，鲁宣公十年（前599）秋大水，鲁成公五年（前586）秋大水，鲁襄公二十四年（前549）秋七月大水（表21）。《公羊传》在鲁桓公元年“秋，大水”注释时，明确指出：“何以书？记灾也。”《谷梁传》更直截了当地说：“灾曰大水。”[①]可见，大水即是今天所说的洪灾或涝灾。

表21 《春秋》大水（灾）记载

年份	季节	地点
桓公元年（前711）	秋	鲁
桓公十三年（前699）	夏	鲁
庄公七年（前687）	秋	鲁
庄公十一年（前683）	秋	宋
庄公二十四年（前670）	八月	鲁
庄公二十五年（前669）	秋	鲁
宣公十年（前599）	秋	鲁
成公五年（前586）	秋	鲁
襄公二十四年（前549）	秋七月	鲁

那么，什么样的水才称为大水？《左传》指出：“凡平原出水，为大水。”《谷梁传》则提出：“高下有水，灾曰大水。”[②]即大水的标准，是“平原出水”或“高下有水”。这两个标准笔者认为是一致的。人们多居住在平原或说下处，高处出水不一定是水灾，但是高下都有水，或平原不但接水而且是出水了，则肯定是水灾了。《春秋》所载9次水灾，8次发生在秋季，为秋涝；1次发生于夏季，为夏涝。8次发生在鲁国（今山东南部），其中7次秋涝，1次夏涝；1次发生在宋国（今河南东部及与山东、江苏、安徽的交界部分），为秋涝，即鲁庄公十一年“秋，宋大水”。《公羊传》对这一次水灾注曰：“何以书，洪灾也，外灾不收，此何为书，及我也。”怎么“及我”，《春秋》《公羊传》等书

①②宋元人注.《四书五经》.下册.第63页.北京：北京市中国书店.1984.

都没有交代。笔者认为：一种可能是此次水灾涉及鲁国；一种可能是与编修者孔子有关，宋国是孔子先辈的母国。《谷梁传》则注："外灾不书，此何以书？王者之后也"。所谓"王者之后"，是指宋国国君是夏朝开国皇帝禹之后，亦是商朝开国皇帝汤之后。然而，刘敞指出，"杞亦王者之后，未尝记其灾"①。即说杞国与宋国相似，同为禹、汤之后，却没有记其水灾。为什么别的诸侯国大水相比不少却没有记，独记宋国大水；宋国的大水也绝非这一次，为什么独记这一次？笔者至今尚难得出能自圆其说的原因。

二、旱、涝记载的时空研究

笔者在第三章第二节中详细梳理了《春秋》中干旱的记录，分为三个级次：大雩，相当今天的一般干旱，有21次，发生在19个年份，其中两年每年各连续发生两次大雩达到"旱甚"地步；长时间不雨，相当于今天的严重旱灾，有5次，发生于7个年份（有两次跨年）；大旱，相当今天的特大旱灾，有2次，发生于2个年份。共在28个年份，发生28次旱灾。旱灾灾况远甚于《春秋》中9次大水的记录，无论是频次、发生的年份都约是涝灾的3倍。因此，笔者认为《春秋》242年间的旱涝灾害是以旱灾为主。

（一）《春秋》中旱、涝的空间分布

《春秋》中旱、涝的空间分布，都呈现较为简单的特点。

①《春秋》中旱灾的空间分布。根据第三章第二节表8、表9、表10，共28次旱灾全部分布在鲁国，即今山东南部。

②《春秋》中涝灾的空间分布。根据表21中的9次水灾，前已述8次发生于鲁国，1次发生于宋国。

（二）《春秋》中旱、涝的时间分布

《春秋》中旱、涝的时间分布都呈现较为集中的特点，且都分别集中在两个时段。

---

①宋元人注.《四书五经》.下册.第111～112页.北京：北京市中国书店.1984.

1.《春秋》中旱灾的时间分布

我们在第三章第二节说了，《春秋》中旱灾的时间分布主要集中在两个时段。这两个时段集中了《春秋》中全部“大旱”、全部“长时间不雨”，以及18次大雩，即100%大旱、100%长时间不雨、85.71%大雩。第一个时段是公元前7世纪中后期，即从公元前663至前602年的62年间。该时段，发生《春秋》中直接记载的2次“大旱”（相当于今天的特大旱灾），5次“长时间不雨”（相当于今天的严重旱灾），2次“大雩”（相当于今天的轻度旱灾）；共9次，平均每10年发生旱灾1.5次，且多是严重旱灾。第二个时段为公元前6世纪中后期到前5世纪初，即公元前568至前498年的71年间。这一时段，发生《春秋》中记载的16次“大雩”，平均每10年约发生2.25次大雩；除其中两年为每年各连续发生2次大雩的“旱甚”（相当于今天特大旱灾）外，其余12次都是大雩（相当于今天轻度旱灾）。因此，第二个时段的旱灾频率高于第一个时段，但旱灾强度远小于第一个时段。

与《春秋》中两个干旱期相应的是有两个非干旱期，一是公元前722年（鲁隐公元年）至前664年（鲁庄公三十年）非干旱期，59年间仅发生1次大雩（鲁桓公五年即公元前707年大雩），可称为公元前8世纪末期至前7世纪前期非干旱期。二是公元前601年（鲁宣公八年）至前569年（鲁襄公四年）非干旱期，33年间仅发生两次大雩（鲁成公三年和七年，即公元前588年、前584年大雩），可称为公元前6世纪前期非干旱期（表22）。

表22 《春秋》中旱灾期和非旱期

名称	年份（年）	旱情
第一非旱期	前722～前664	1次大雩
第一旱灾期	前663～前602	2次大雩，5次长时间不雨，2次大旱
第二非旱期	前601～前569	2次大雩
第二旱灾期	前568～前498	16次大雩

（1）《春秋》中旱灾发生年份分布较为集中。这个特点古人已有所发现。例如：对鲁昭公三年“八月大雩”，元明之际的汪克宽注曰：“春秋书雩二十有一，而昭公之世有七焉。此年（指昭公三年）及六年、八年、十六年、二十四年、二十五年再雩是也（即二十五年有一雩、再雩）。左氏（指《左传》）唯八年无传，余皆云旱也。于再雩（指二十五年），则曰旱甚也。亦可见灾变之数。”① 鲁昭公三年至二十五年，为公元前539～前517年，正处于《春秋》第二个干旱期的中间的时段。鲁昭公在位32年（前541～前510），32年间发生7次大雩，所以汪氏感叹“可见灾变之数”，平均每10年约2.18次，高于第一个干旱期的频率数，与第二个干旱期频率数相当。

类似鲁昭公在位时干旱频繁发生，鲁襄公、鲁僖公、鲁文公、鲁定公在位时干旱也频繁发生。鲁襄公在位（前572～前542）时发生大雩5次，即五年、八年、十六年、十七年、二十八年（见表8），时间从公元前568年到前545年，为《春秋》第二个干旱期的前面时段；鲁襄公在位31年，平均每10年约发生1.61次，高于第一个干旱期的频率数。鲁僖公在位（前659～前627）时，发生大雩2次（见表8）；1次跨年度的“长时间不雨”，从僖公二年（前658）“冬不雨”，经僖公三年春三个月，夏四、五月，至“六月雨”，长达8个月无雨（见表9）；僖公二十一年（前639）“夏，大旱”（见表10）。也就是说：鲁僖公在位33年，发生两次严重旱灾（僖公二至三年、二十一年）、两次轻度旱灾（僖公十一、十三年）；平均每10年约发生1.21次，稍低于第一个干旱期的频率数。鲁文公在位(前626～前609）18年，发生3次（4个年份）长时间不雨（见表9），平均每10年约发生旱灾1.66次，高于第一个干旱期的频率数。鲁定公在位（前509～前495）15年，发生大雩4次（3个年份，见表8），平均每10年约发生旱灾2.66次，高于第一、二个干旱期的频率数。

以上鲁僖公、鲁文公、鲁襄公、鲁昭公、鲁定公五代在位时间129年，占《春秋》242年中约53.13%。期间发生大雩18次，长时间不雨4次，大旱1次，共计旱灾为23次，约占《春秋》中全部旱灾数（28次）的82.14%。其他7代鲁国公在约另一半时间内，仅发生不到20%的旱灾。可见，《春秋》时期的旱灾主要分布在《春秋》的中后期，或说鲁僖公十一年（前649）以后。

---

①宋元人注.《四书五经》.下册.第419页.北京：北京市中国书店.1984.

（2）《春秋》中旱灾发生季节和月份的分布也相对集中。古人亦已注意到了这个特点。对鲁桓公五年（前707）秋“大雩”，明代李廉注曰：“经书雩二十一。止（此）书秋者七：此年（指桓公五年）及成三，襄五、十六，昭八，定七、十二，是也。书八月者四：僖十一，襄二十八，昭三、二十四，是也。书七月者二：昭二十五（2次），是也；书九月者七：僖十三，襄八、十七，昭六、十六，定元、七年，是也。书冬者一：成七年，是也。”①即发现《春秋》21次大雩，其中发生在秋季7次，8月4次，7月2次，9月7次，冬季1次。合计发生在秋季或7～9月20次，为20次秋旱；发生在冬季1次，冬旱为1次。

5次跨7个年份的长时间不雨，除鲁庄公三十一年是发生在冬季，为冬旱，其余4次都是跨年度的，旱情长达七八个月，其中1次从冬十月延续至第2年夏五月，六月才有雨，为冬旱、春旱、夏旱连旱；另3次都是旱至秋七月，1次始自上年冬十二月，2次始自当年正月，为春旱、夏旱和秋七月旱连旱。

2次大旱，鲁僖公二十一年（前639）大旱发生在夏季，为夏旱；鲁宣公七年（前602）大旱发生在秋季，为秋旱。

综上而述，《春秋》中的旱灾就季节而言，主要发生在秋季，20次大雩发生于秋季，长时间不雨有3次春夏秋三季连旱，1次大旱发生于秋季，秋旱（或延续至秋旱）共有24次，约占全部旱灾数（28次）的85.72%。2次发生在冬季，1次是鲁成公七年大雩，1次是鲁庄公三十一年冬季不雨，为冬旱，约占全部旱灾数的7.14%。2次发生（或连续发生）于夏季，1次是鲁僖公二、三年冬春夏连旱，1次是鲁宣公七年夏大旱，2次夏旱约占全部旱灾数的7.14%。

2.《春秋》中涝灾的时间分布

《春秋》中涝灾的时间分布与旱灾的时间分布相似，同样可以划分为两个涝灾期、两个非涝期（表23）。

两个涝灾期：一是公元前711年至前669年，43年间发生6次涝灾，即鲁桓公在位2次涝灾、鲁庄公在位4次涝灾（见表21）。平均每10年约发生1.4次涝灾，或说平均约每7年发生1次涝灾，可称为公元前8世纪末期至前7世纪前期涝灾期。二是公元前599年到前549年，51年间发生了3次涝灾，即鲁宣公、鲁成

①宋元人注.《四书五经》.下册.第72页.北京：北京市中国书店.1984.

公、鲁襄公在位时各1次涝灾。平均每10年约发生0.6次涝灾，或说平均每17年发生1次涝灾。可称为公元前6世纪前期涝灾期。

与两个涝灾期相应的，在《春秋》中有两个非涝期：一是公元前668年（鲁庄公二十六年）至公元前600年（鲁宣公九年），69年间1次涝灾都没有发生，可称为公元前7世纪中后期非涝期。二是公元前548年（鲁襄公二十五年）至公元前481年（鲁哀公十四年），68年间1次涝灾都没有发生，可称为公元前6世纪后期和前5世纪早期非涝期。

表23 《春秋》中涝灾期和非涝期

名称	年份(公元)	涝情(次)
第一涝灾期	前711～前669	6
第一非涝期	前668～前600	0
第二涝灾期	前599～前549	3
第二非涝期	前548～前481	0

一个极为有趣的现象是，与旱灾主要发生在鲁僖公、鲁文公、鲁襄公、鲁昭公、鲁定公五代相对应的，是涝灾主要发生在鲁桓公、鲁庄公二代。鲁桓公在位18年（前711～前694），鲁庄公在位32年（前693～前662），两公在位50年，约占《春秋》242年的20.66%，发生涝灾6次，占《春秋》全部涝灾数（9次）的66.66%。

《春秋》中涝灾在发生的季节和月份上亦相对集中，除鲁桓公十三年（前699）大水发生于夏季外，其余大水都发生于秋季或七月、八月。也就是说，《春秋》中9次涝灾，除1次是夏涝，其余8次都是秋涝。

（三）《春秋》中旱、涝灾时空分布特点

1.《春秋》中旱、涝灾的空间分布特点

旱、涝灾的空间分布较为简单：28次旱灾都发生于鲁国；9次涝灾，8次发生于鲁国，1次发生于宋国。

2.《春秋》中旱、涝灾的时间分布特点

（1）旱、涝灾发生的年份都相对较为集中。分别形成两个旱灾期、两个非旱期，两个涝灾期、两个非涝期。而且，形成两个非涝期与两个旱灾期、两个

非旱期与两个涝灾期基本对应的局面：即第一非旱期与第一涝灾期、第一旱灾期与第一非涝期、第二非旱期与第二涝灾期、第二旱灾期与第二非涝期大致相对应（表24）。唯有鲁襄公二十四年（前549）秋七月“大水”，发生在第二旱灾期内，造成第二非旱期与第二涝灾期结束时间、第二旱灾期与第二非涝期开始时间各有20年的差距。

表24《春秋》中旱灾期、非旱期与涝灾期、非涝期对比

名称	年份（年）	名称	年份（年）
第一非旱期	前722～前664	第一涝灾期	前711～前669
第一旱灾期	前663～前602	第一非涝期	前668～前600
第二非旱期	前601～前569	第二涝灾期	前599～前549
第二旱灾期	前568～前498	第二非涝期	前548～前481

从朝代上看，涝灾集中在鲁桓公、鲁庄公在位的50年间，占涝灾的三分之二（见表21），其他10位鲁国公在位近200年，仅发生3次涝灾。也可以说，涝灾主要发生在《春秋》前期，即鲁庄公二十五年前，或说公元前669年以前。而旱灾主要发生在鲁僖公、鲁文公、鲁襄公、鲁昭公、鲁定公五代，他们在位不到130年，发生的旱灾占去了五分之四，而另7位鲁国公在位100多年间发生的旱灾不及总数的五分之一。也可以说，旱灾主要发生在《春秋》中后期，即鲁僖公十一年之后，或说公元前649年以后。可见，《春秋》242年间，旱、涝期是较为分明的，各有其分布规律。

（2）旱、涝灾发生的季节亦相对集中，多为秋季。前面已说，旱灾中20次大雩发生在秋季，约占全部21次大雩的95.24%；长时间不雨有3次连续旱至秋季，占据全部5次长时间不雨的60%；大旱有1次发生在秋季，占全部2次大旱的50%。全部28次旱灾记录，发生于秋季和连旱延至秋季的共有24次，约占全部28次旱灾的85.71%。涝灾共9次，有8次发生在秋季，约占全部涝灾的88.89%。即以秋旱、秋涝为主。

由上可知，《春秋》中的旱、涝灾害有如下特点：①《春秋》242年间以旱灾为主，为28次，是涝害9次的三倍多。②旱、涝灾发生的地点，多在鲁国。③旱、涝在发生年份上相对较为集中，分别形成两个旱灾期、两个非旱期，两个涝灾期、两个非涝期，且基本上形成对应。而且，《春秋》前期主要是涝灾，《春秋》后期主要是旱灾。④旱、涝灾发生的季节也都较为集中，85%以上发生于秋季。

第六章

开创系统的生物象记录

在《春秋》中，有一系列的生物象记载，其中有不少生物灾异的记载，包括：螟害、螽害、麋害、蜮害、蜚害、鼷鼠害、鹢退、鸜鹆来巢、获麟；陨霜杀菽，大无麦、禾，不杀草、李和梅实，冬有大年等。其中，最有价值的是系统的螽（即蝗）害记载，它开创了中国和世界系统的蝗害记载，也开创了中国和世界系统的生物象记载。

一、系统的蝗害记载

中国既是世界上农业革命（距今1万年前后）发生最早的国家之一，又是世界三大农作物起源中心中最大的作物栽培中心（另两个农作物起源中心为西亚、南美洲），距今1.2万～1万年出现了稻作农业[①]，距今10000～8000年出现了以种植黍、粟为代表的旱作农业[②]。中国古代以农为本，在众多的农业自然灾害中蝗虫灾害一直是最重要的灾害之一，与水灾、旱灾构成了中国古代农业的三大自然灾害，且常叠加水旱灾之上，成为这三种灾害之中更为突出的一种。诚如明代徐光启在《农政全书》中指出的："凶饥之因有三：曰水、曰旱、曰蝗。地有高卑，雨泽有偏被，水、旱为灾尚多幸免之处，惟旱及而蝗，数千里间草木皆尽，或牛马、幡帜皆尽，其害尤惨过于水、旱。"[③]

（一）最早系统的蝗害记载

殷墟甲骨文，已有不少"蝗"字、"蝝"（指蝗的幼虫）字出现。昆虫学家周尧在20多年前指出："我在甲骨文中也第一次找到大量的'蝗'字和'蝝'字……《说文解字》中的篆字蝗（蝗）字和蝝（蝝）字，看来就是从它们演化来的。"[④]

①孙关龙.《中华文明史·科技史话》.第11页.北京：中国大百科全书出版社.2010.
②孙关龙、宋正海.《自然国学——中国传统文化的瑰宝》.第64页.深圳：海天出版社.2012.
③（明）徐光启.《农政全书·荒政》.
④周尧.《中国昆虫学史》.第48～49页.西安：天则出版社.1988.

图3 殷代甲骨文中的“蝗”和“蝝”字

《诗经》中也有多处涉及蝗虫的诗句：《诗经·豳风·七月》篇曰：“五月斯螽动股，六月莎鸡振羽”；在《诗经·召南·草虫》篇和《诗经·小雅·出车》篇中，都有“喓喓草虫（即蝈蝈），趯趯阜螽”的诗句；《诗经·周南·螽斯》篇，以蝗虫纷飞、吃尽庄稼，控诉官、富子孙多，夺尽了百姓的粮谷（“螽斯羽，诜诜兮；宜尔子孙，振振兮。螽斯羽，薨薨兮；宜尔子孙，绳绳兮。螽斯羽，揖揖兮；宜尔子孙，蛰蛰兮”）。上述诗句的“螽”，《诗经》研究专家高亨认为是蝗虫[①]；“斯螽”“阜螽”，高亨认为是“蚱蜢”[②]，蚱蜢也属于蝗虫类。

然而，甲骨文、《诗经》中的蝗虫记载都缺乏明确的时间，且是不系统的。诚如有的书籍所言：“对于蝗灾最早的、最明确的记录是《春秋》中记载的公元前707年的蝗灾：‘桓公五年，螽’。”[③]最早系统记录蝗灾的古籍，也是《春秋》一书（表25）。

《春秋》中系统记载从鲁隐公元年（前722）至鲁哀公十四年（前481）242年间12次蝗害，平均每百年约发生蝗害4.96次。即约每20年发生1次。

（二）《春秋》中12次蝗害都是灾

对《春秋》鲁桓公五年（前707）秋“螽”，《公羊传》注曰：“何以书，记灾也。”《谷梁传》也说：“螽，虫灾也。甚则月，不甚则时。”程子认为：“蝗也，既旱又蝗，饥不待书也。”南宋朱熹更进一步指出：“螽，蝗属。长而青，长角长股，一生九十九子。”[④]

①高亨注.《诗经今注》.第7～8页.上海：上海古籍出版社.1980.

②高亨注.《诗经今注》.第18～19、199～203、230～232页.上海：上海古籍出版社1980.

③宋正海、高建国、孙关龙、张秉伦著.《中国古代自然灾异整体性研究》.第1卷.《中国古代自然灾异动态分析》.第365页.合肥：安徽教育出版社.2002.

④宋元人注.《四书五经》.下册.第73页.北京：北京市中国书店.1984.

表25《春秋》蝗虫灾害记录

害虫	年份	季节或月份	地点	备注
螽	桓公五年（前707）	秋	鲁	
螽	僖公十五年（前645）	八月	鲁	
螽	文公三年（前624）	秋	宋	雨螽
螽	文公八年（前619）	冬十月	鲁	
螽	宣公六年（前603）	秋八月	鲁	
螽	宣公十三年（前596）	秋	鲁	
螽	宣公十五年（前594）	秋	鲁	
螽	宣公十五年（前594）	冬	鲁	蝝生
螽	襄公七年（前566）	八月	鲁	
螽	哀公十二年（前483）	冬十二月	鲁	
螽	哀公十三年（前482）	九月	鲁	
螽	哀公十三年（前482）	十二月	鲁	

对鲁文公三年（前624）秋“雨螽于宋”，《公羊传》注：“雨螽者何，死而坠也，何以书，记异也。”《谷梁传》不同意《公羊传》的记异之说，认为是灾，且是“灾甚”，提出：“外灾不志，此何以志也。曰，灾甚也。其甚奈何，茅茨尽矣。著于上，见于下，谓之雨。”东晋徐邈（344～397）更进一步指出：“禾稼既尽，又食屋之茅茨，验当有之。”[①]笔者同意《谷梁传》、徐邈之说，“雨螽”不仅是异，亦是灾，且是“甚奈何”之灾，“禾稼既尽，又食屋之茅茨”的蝗害，怎么可能仅是异常，而不是灾呢？

对鲁宣公十五年（前594）“冬，蝝生”，《左传》《公羊传》都注“幸之也”，两书以为作物皆已收下，有蝗虫也不为灾。实际的事实正如宋代孙复（992～1057）所言：“秋中之螽未息，冬又生子，重为灾。”宋代孙觉（1028～1090）亦曰：“蝝者，螽之子。春秋之秋，夏时之夏也。春秋之冬，

①宋元人注《四书五经》.下册.第219页.北京：北京市中国书店.1984.

夏时之秋也。螽为灾于夏，而蝝生秋，一岁而再为灾，故谨志之尔。”[①]而且，当时发生了饥荒，“国无蓄积”“民无以生”[②]，这怎么能够说是“幸之”呢？

从上可知，《春秋》中记载的12次蝗害都是灾，造成“饥不待书”，或是“灾甚”，“其甚奈何”，“禾稼既尽，又食屋之茅茨”，或是“民无以生”。

蝗虫，昆虫纲直翅目蝗科昆虫的通称。全世界约有10000种，中国有600余种，包括飞蝗、稻蝗、竹蝗、蔗蝗、棉蝗等[③]。其中，在中国危害最大的是飞蝗（*Locusta migratoria*），俗称蚂蚱、蚱蜢，危害小麦、稻、粟、稷、高粱等粮食作物，以及芦苇、草类等。主要受灾地区是黄淮平原的农业区。它是中国历史上的大害虫，自“春秋时代至1950年左右的2600多年中平均每2～3年要大发生一次”[④]。例如，五代后晋天福八年（943）“（九月）州郡二十七蝗，饿死者数十万”[⑤]；据《中国古代自然灾异动态分析》一书统计，公元前720年到1911年2632年间发生中度以上蝗灾752次，平均每百年蝗灾发生频率约29次[⑥]（此统计数字偏低，如《春秋》242年间记为10次，不是12次等）。陈家祥统计从公元前707年到1935年，“在2642年的历史过程中，发生蝗灾的年份796年”[⑦]，平均每百年蝗灾发生频率约30次。

（三）《春秋》中蝗害时空分布的特点

《春秋》中记载的12次蝗灾，在时间、空间的分布上也富有特点：它与旱灾、涝灾一样，在时间和空间上都具有较为集中分布的特点。

1.《春秋》中蝗害的时间分布

《春秋》242年中共发生有12次蝗害，平均每10年约发生0.496次蝗灾，

---

①宋元人注.《四书五经》.下册.第284页.北京：北京市中国书店.1984.

②宋正海、高建国、孙关龙、张秉伦著.《中国古代自然灾异整体性研究》.第1卷.《中国古代自然灾异动态分析》.第365页.合肥：安徽教育出版社.2002.

③《辞海》.1999年3卷本.第5295页.上海：上海辞书出版社.1999.

④《中国大百科全书.农业》卷.第228~230页，北京：中国大百科全书出版社.1990.

⑤《旧五代史·晋书》.

⑥宋正海、高建国、孙关龙、张秉伦著.《中国古代自然灾异整体性研究》.第1卷.《中国古代自然灾异动态分析》.第365页.合肥：安徽教育出版社.2002.

⑦周尧.《中国昆虫学史》.第48~49页.第51页.西安：天则出版社.1988.

即每20年约发生1次蝗灾。这个发生频率与前述的“每2～3年要大发生一次”蝗灾的频率无法相比。研究发现，不同的年代蝗灾的发生频次存在着很大的不均匀性：公元前的800年“蝗灾记录只有26次”，平均每百年3.25次；公元1～1000年间“蝗灾频次为189次”，平均每百年为18.9次；1001～1911年910年间，“发生蝗灾537次”，平均每百年约为59次。其中“1200～1399年发生蝗灾173次”，平均每百年约为87次；“1600～1799年发生蝗灾136次”，平均每百年发生68次[①]。

《春秋》242年间发生的12次蝗灾，在时间上分布也很不均匀。公元前722至前646年的近80年中仅有1次蝗灾，为蝗害平静期；公元前565年至前484年的80年中1次蝗灾都没有，为蝗害的又一平静期。《春秋》中，蝗害较集中发生年代，是公元前7世纪后期至前6世纪前期，即公元前645年至前566年的80年间，为蝗害活跃期，发生了8次蝗灾。80年时间仅占《春秋》242年的三分之一，但蝗灾发生的次数却占全部蝗灾（12次）的三分之二，平均每10年发生1次，其蝗灾的发生频率比整个《春秋》242年的发生频率高出1倍多。而且，蝗灾较集中地发生在鲁宣公、鲁哀公在位的时代：鲁宣公在位18年，仅占《春秋》242年的7.44%，即不到8%，但蝗灾发生有4次，占全部蝗灾12次的33.33%，即占到三分之一，也就是说用不到《春秋》242年8%的时间占去了《春秋》12次蝗灾的三分之一，平均每10年约发生2.22次蝗灾，是《春秋》242年间蝗灾发生率（每10年约0.496次）的4倍多，是蝗害活跃期（前645～前566）发生频率（每10年1次）的2倍多。鲁哀公在位28年，《春秋》的下至年代为鲁哀公十四年，故按14年计发生蝗灾3次，即用不到《春秋》242年6%的时间占去了《春秋》12次蝗灾的四分之一，平均每10年约发生2.14次蝗灾，亦是《春秋》242年间蝗灾发生率的4倍多，是蝗害活跃期频率的2倍多。

发生的季节也较为集中：8次在秋季，包括了3次在八月（折合公历一般为7月），1次在九月（折合公历一般为8月）；4次在冬季，包括2次在十二月（折合公历一般为11月），可见蝗害盛于秋季。与徐光启的统计结论，“按春秋至于元代，其蝗灾书月者一百一十有一：书二月者二，书三月者三，书四月

①宋正海、高建国、孙关龙、张秉伦著.《中国古代自然灾异整体性研究》.第1卷.《中国古代自然灾异动态分析》.第367~368页.合肥：安徽教育出版社.2002.

者十九，书五月者二十，书六月者三十一，书七月者二十，书八月者十二，书九月者一，书十二月者三，是最盛于夏秋之间”①，不完全合拍。

2.《春秋》中蝗灾的空间分布

《春秋》中蝗害的空间分布，如同《春秋》中的水灾、旱灾一样，既集中又比较简单。具体说：蝗害11次发生在鲁地（今山东南部），1次发生在宋地（今河南东部及安徽、江苏、山东交界地）。据马世骏等研究：横跨鲁南、苏北、豫东的微山湖区是“我国东亚飞蝗主要滨湖蝗区之一”，它不但是全国飞蝗发生的一个“基地”，“也是鲁西南、苏（江苏）北、豫（河南）东的飞蝗‘老巢’”。鲁西南则是内涝蝗区，其东平湖滞洪区则为沿黄河的内涝、湖洼蝗区②。可见，《春秋》中的蝗区与2000多年后的马世骏教授等的研究，在区域上大致是一致的。

二、其他虫害、兽害记载

《春秋》中除有系统的蝗灾记载，还有一些其他虫害、兽害的记载。包括螟害、蜚害、蜮害、麋害、鼷鼠害等。

（一）螟害记载

《春秋》中有3次螟害记载，分别发生在鲁隐公五年（前718）、八年（前

表26 《春秋》螟虫灾害记载

害虫	年份	季节或月份	地点
螟	鲁隐公五年（前718）	九月	鲁
螟	鲁隐公八年（前715）	九月	鲁
螟	鲁庄公六年（前688）	秋	鲁

①（明）徐光启.《农政全书》.

②马世骏等.《中国东亚飞蝗蝗区的研究》.第79、225、237页.北京：科学出版社.1965.

715）和鲁庄公六年（前688）（表26）。对鲁隐公五年九月“螟”，《公羊传》注曰：“何以书，记灾也。”《谷梁传》则曰：“螟，虫灾也。甚则月，不甚则时。”西晋杜预认为：“虫食苗心者为灾，故书。”此条是《春秋》全书记虫灾之始，无论是《公羊传》《谷梁传》，还是杜预，都一致认为：螟虫，成灾，严重时乃至整月整月地蚕食庄稼。对鲁隐公八年九月“螟”，北宋高闶（1097～1153）明确注明：《春秋》“书螟者三，隐二、庄一。螽十有一（本文作者注，应为12次），桓一，余皆僖公之后。螟食苗心，螽（广食性害虫）无所不食，其为灾，螟轻而螽重。《春秋》之初，灾之轻者亦书之，及其久也，轻者不胜书，书其重者耳。不然，岂庄公之后二百年皆无螟耶”[①]。这一段话至少清楚地展示两点：①《春秋》义例，有一些是在编修过程中形成的，即有些义例不是编修之前就制定好的；②鲁庄公七年到鲁哀公十四年（前687～前481）的200多年间一次螟害都未记，不是没有螟害发生，而是义例规定不记。

螟，又称螟蛾、螟蛉，一种食禾苗心的害虫。虽然相比蝗害，螟害相对小一些，但其在中国历史上对农业危害也不轻，所以在《诗经》《吕氏春秋》《尔雅》等一系列古籍中屡有提及；直到20世纪前期，江苏还专门成立有治螟考察团（1917）[②]。《吕氏春秋·任地》篇曰：“又无螟蜮。”东汉高诱注：“食心曰螟，食叶曰蜮。”《尔雅·释虫》：“食苗心，螟。”早在西周时代，我们的先祖已掌握螟虫的一系列习性。例如，《诗经·小雅·小宛》篇有流行至今的名句：“螟蛉有子，蜾蠃负之。”说螟虫的幼子由蜾蠃（一种青黑色的细腰土蜂）养之（注：实是蜾蠃常捕螟子以喂幼蜂，古人误以为养育螟子），故形成以螟蛉或螟蛉子作为养子的代称。再如，《诗经·小雅·大田》是一首写于两千七八百年前欢庆丰收的农业诗篇，里面有歌颂防治螟虫等害虫的诗句：

原文	译文
去其螟螣，	除去那食苗、吃叶的害虫，
及其蟊贼！	以及那吃节、食根的害虫！

①宋元人注.《四书五经》.下册.第51、56页.北京：北京市中国书店.1984.

②《20世纪中国学术大典·生物学》.第142页.福州：福建教育出版社.2004.

毋害我田稚！　　　不许它们加害我们田里的庄稼！
田祖有神，　　　　仗着田神的神威！
秉畀炎火！　　　　把它们消灭在熊熊的烈火之中！

《诗经》的诗句表明，早在两千七八百年前，我们的先祖已掌握用火治虫的方法，从而取得庄稼的大丰收。

据昆虫学家周尧研究：《周礼·秋官》中已有一系列治虫的方法；东汉光武帝建武六年（公元30）颁布中国第一个治虫法规，这也是世界上最早的治虫法规；以后，宋代、金代、明代、清代都曾颁布治虫法规。而欧洲同样的法规于19世纪前期才有颁布，比中国约晚1800年[①]。

（二）蜚害记载

《春秋》中有1条蜚害记载：鲁庄公二十九年（前665）“秋，有蜚”。《左传》注曰：“为灾也。凡物不为灾，不书。”《公羊传》则有不同看法，指出：“何以书，记异也。”汉代刘向认为：“蜚，色青，非中国（指中原地区）所有。南越（‘越’同‘粤’，指南岭以南地域，又称岭南、岭外等，今广东、广西等地）盛暑，男女同川，淫气所生为虫，臭恶。”宋元人认为：“《春秋》灾异并书，蜚之为物，鲁本无，而今有之，则异也。能食稻花，使稻不蕃，则灾也。”[②]笔者同意宋元人意见，“秋，有蜚”既为异，又为害。

蜚，为[illegible]类有害的小飞虫。生草丛中，食稻花，发恶臭味。原来包括鲁南区域在内的中原地区没有，后见到了，故而作为一种生物异象《春秋》给予记载下来，同时，蜚又是食稻花，使稻谷不长穗，故而又造成灾害，又作为生物灾害记载下来。

（三）蜮害记载

《春秋》中有1条蜮害记载：鲁庄公十八年（前676）“秋，有䘌”。“䘌”同“蜮”。《左传》注：“为灾也。”《公羊传》曰：“何以书，记异也。”《谷梁传》认为：“䘌，射人者也。”西晋杜预说：“䘌，短狐也。含沙射人。本草谓之射工。”唐代孔颖达指出：“《谷梁传》曰：䘌，射人者也。

①周尧.《中国昆虫学史》.第48~49页.西安：天则出版社.1988.

②宋元人注.《四书五经》.下册.第135~136页.北京：北京市中国书店.1984.

《洪范·五行传》曰：蜮，如鳖，三足，生于南越，淫女惑乱之气所生也”。陆玑《毛诗义疏》云：“蜮，短狐也。一名射景。如鳖，三足，在江淮水中。人在岸上，景见水中，投人景则杀之，故曰射景，或谓含沙射人。入皮肌，其疮如疥”[①]。《诗经》中亦有记载，在《小雅·何人斯》篇云：“为鬼为蜮，则不可得。有靦面目，视人罔极。作此好歌，以极反侧。”全句是说：鬼魅不可得，人非鬼非魅，却没有一点准则，作此诗歌以作警忌。对“蜮”字，高亨注为“古代相传为一种能含沙射影使人得病的动物”[②]。相比之下，东晋葛洪（约281～341）的《抱朴子》对该动物的描述更清晰一些：“又有短狐，一名蜮，一名射工，一名射影，其实水虫也。状如鸣蜩，状似三合盂，有翼能飞，无目而利耳，口中有横物角弩，如闻人声，缘口中物如角弩，以气为矢，则因水而射人，中人身者即疮，中影者亦病，而不即发疮，不晓治之者煞人。其病似大伤寒，不十日皆死。”[③]长沙马王堆汉墓出土的医书中，专有《疗射工毒方》篇[④]，可见蜮这种动物危害之烈。

以上均把“蜮”释解为一种奇特的有毒动物。然而，有些书籍把“蜮”释注为食禾叶的昆虫。例如，《吕氏春秋·任地》篇：“大草不生，又无螟蜮。”东汉高诱注：“食心曰螟，食叶曰蜮。兖州谓蜮为螣，音相近也。”因此，正确的做法是对“蜮”有两种注释，例如《辞源》《汉语大字典》等书籍[⑤⑥]。一些书籍仅把“蜮”解释为食禾苗的害虫[⑦]，则是片面的。

（四）麋害

《春秋》中有1条“多麋”记载：鲁庄公十七年（前677）“冬，多麋”。《公羊传》注：“何以书，记异也。”西晋杜预则有不同的注：“麋多则害五稼，故以灾书。”[⑧]宋代刘敞云：“记异也，何异尔，为灾也。”[⑨]

---

①宋元人注.《四书五经》.下册.第120页.北京：北京市中国书店.1984.
②高亨注.《诗经今注》.第300~302页.上海：上海古籍出版社.1980.
③（晋）葛洪.《抱朴子·登沙》篇.
④裘锡圭主编.《长沙马王堆汉墓简帛集成》.北京：中华书局.2014.
⑤《辞源》（修订本）.第4卷.第2772页.北京：商务印书馆.1983.
⑥《汉语大字典》（缩印本）.第1193页.成都：四川辞书出版社、湖北辞书出版社.1993.
⑦《辞海》.1999年3卷本.第5290页.上海：上海辞书出版社.1999.
⑧（清）顾栋高辑.吴树平李解民点校.《春秋大事表》.第1卷.第6页.北京：中华书局.1993.
⑨宋元人注.《四书五经》.下册.第119页.北京：北京市中国书店.1984.

麋，即麋鹿（*Elaphurus davidianus*），为哺乳纲偶蹄目鹿科动物。它角似鹿非鹿，头似马非马，身似驴非驴，蹄似牛非牛，故称四不像。体长约2米，肩高1米以上。性温驯，喜水，以青草、树叶、水生植物为食。每年6～8月发情，怀孕期约10个月。为中国特有珍贵动物，国家一级保护动物。野生种已绝迹，仅存人工饲养种群。中国清朝晚期曾在北京南宛饲养，1900年被八国联军毁灭，仅有少量麋鹿流落英国等地。1980年以后从英国引进我国，现在江苏省大丰、湖北省石首分别建有麋鹿自然保护区，北京南海子湿地公园亦有饲养[①][②]。

至今早已绝迹的野生麋鹿，在约2700年以前的鲁庄公时代曾经多得成灾？麋鹿是食植动物，又何以能成灾？笔者一直不敢轻信，直到查到一系列可以佐证的资料。殷墟甲骨文中有“麋”字[③]；而且，在殷墟曾发掘出麋鹿骨骼，数量相当大，比同时出土的鹿、牛、马、山羊、家犬、兔、猫等还多。杨钟健等对殷墟哺乳动物的研究报告指出：“安阳之哺乳动物，迄今为止（1949年），共二十九种。”个体“在一千以上者仅肿面猪、四不像鹿（麋）及圣水牛三种……在一百以上者为家犬、猪、獐、鹿、殷羊及牛等六种……在一百以下者……计有狸、熊、獾、虎、黑鼠、竹鼠、兔及马等八种。在十以下者，为狐、乌苏里熊、豹、猫、鲸、田鼠、大熊猫、犀牛、山羊、扭角羚、象及猴等十二种”[④][⑤]。证明3000多年前野生麋鹿大量生活在黄河流域。据《逸周书》记载，公元前11世纪周武王外出田狩，捕获麋5235头、鹿约3500头[⑥]。《诗经》中有“麋”字，《小雅·巧言》篇云：“彼何人斯，居河之麋。”毛传注：“水草交，谓之麋。”陆德明释：“麋，本又作湄。”[⑦]也就是说：《巧言》诗篇中的“麋”字不是指动物的“麋”，而是指该动物的居住地——水草之交的水边。可见麋之多，以及当时人们对麋的生活习性已十分透彻地了解。《后汉书》广陵郡（治今江苏扬州）“东阳”条注说：县多麋，《博物记》曰：

---

① 《辞海》.1999年3卷本.第5840页.上海：上海辞书出版社.1999.

② 《中国大百科全书·生物学》卷，第977页.北京：中国大百科全书出版社.1991.

③ 郭郛等.《中国古代动物学史》.第24、30页.北京：科学出版社.1999.

④ 杨钟健、德日进.《安阳殷墟的哺乳动物群》.载《中国古生物志》1936年第12号第1册.

⑤ 杨钟健、刘东生.《安阳殷墟之哺乳动物群》.载《考古学报》1949年第13、15期.

⑥ 《逸周书·世俘解》.

⑦ 《辞源》（修订本）.第4卷.第2772页.北京：商务印书馆.1983.

“千千为群，掘食草根，其处成泥，名曰麋畯。民人随此畯种稻，不耕而获，其收百倍”[①]。据有关文献记载，汉代的皇家花园上林苑养兽禽“鹿千数，麋、兔无数”[②]。可见，大量物证、书证说明自商至后汉的1000多年间，中国的麋鹿种群数量一直是多得惊人。到了唐代，孔颖达还指出“麋鹿泽兽，鲁常有”[③]。

经以上多个方面考证，《春秋》“多麋”的记载是可靠的。不说“千千成群”，就是“百百为群”也够多的了。《春秋》中多麋的季节又是冬季，此时田野已经没有青草，树叶亦落得差不多了，成群的麋不得不采取“掘食草根，其处成泥”等行动，成灾也是完全可能的。

（五）鼷鼠害

《春秋》中至少有3条鼷鼠害的记载：鲁成公七年（前584），“春王正月，鼷鼠食郊牛角，改卜牛。鼷鼠又食其角，乃免牛”。鲁定公十五年（前495）春王正月，“鼷鼠食郊牛，牛死，改卜牛”。鲁哀公元年（前494）春王正月，“鼷鼠食郊牛，改卜牛”。

鼷鼠，鼠类最小的一种。明代《本草纲目·兽部三》“鼷鼠”条，李时珍引唐代陈藏器文曰：“鼷鼠极细，卒不可见，食人及牛、马等，皮肤成疮。”[④]鼷鼠的危害，不但造成“不郊”，即废除祭祀天地的典礼（“郊”原指城市的周围地区，《说文》曰“距国百里为郊”。但此处的“郊”，不是指城外之地，而是指祭祀之意，《字彙·邑部》云：“郊，祭名。冬至祀天南郊，夏至祀地北郊，故谓祀天地为郊”），而且造成“牛死”。诚如《谷梁传》所云：“不敬，莫大矣。”然而，这“非悔非礼而不郊，实以郊牛之洊有灾伤，不得已而不郊”[⑤]。这里的“郊牛”“卜牛”，翻遍了《尔雅》《说文解字》《辞源》《辞海》等一系列书籍，不得其解。笔者认为“郊牛”有两解：一是城外的牛，一是专门用于祭祀的牛；“卜牛”亦有两解：一是占卜过的牛，一是经过选择的一种牛。

---

① 《后汉书·郡国志（三）》.

② 卫宏.《汉官旧仪》.

③ （唐）孔颖达.《春秋义疏》.

④ 《辞海》.1999年3卷本.第5865页.上海：上海辞书出版社.1999.

⑤ 宋元人注.《四书五经》.下册.第256、513页.北京：北京市中国书店.1984.

实际上，《春秋》中“书郊牛灾而改卜者四”，不止上述的3条。另1条是鲁宣公三年（前606），“春王正月，郊牛之口伤，改卜牛，牛死，乃不郊”。这里未出现鼷鼠食牛的字样，然而，从郊牛伤、改卜牛、牛死，与上述鼷鼠食牛的情况完全雷同，故而古人曰：“《春秋》书郊牛灾而改卜者四。此年（鲁宣公三年）……成七年……皆废郊。定十五年、哀元年……改卜牛，而不复变异，皆行郊礼。”①

三、动物异常记载

《春秋》中除本章第一、第二节阐述的动物灾害记录外，还有一系列的动物异常记录，包括六鹢退飞、鸜鹆来巢、西狩获麟等。

（一）六鹢退飞

《春秋》中有六鹢退飞的记录1条：鲁僖公十六年（前644）春王正月，“是月，六鹢退飞，过宋都”。鹢，水鸟名，形如鹭而大，善飞。《谷梁传》注：为“鶂”。《玉篇·鸟部》云：“鶂，水鸟，善高飞。”鹢，善飞、高飞，是向前飞，而不会退飞的，退飞则是不正常，更何况是六鹢一齐退飞。《公羊传》指出：“六鹢退飞，记见也。视之，则六；察之，则鹢，徐而察之，则退飞。”“何以书，记异也。”②

为什么会发生“六鹢退飞”这种异常现象？《左传》回答得很清楚：“六鹢退飞，过宋都（今河南商丘），风也。”③有的书籍把此事列为风灾的事例④。笔者认为：风造成六鹢退飞，但没有给人们造成灾害，鹢自身也没有出现伤亡，因而作为异常事件记载下来，似更为妥切。

（二）鸜鹆来巢

《春秋》中有1条鸜鹆来巢的记示：鲁昭公二十五年（前517）夏，“有

①宋元人注.《四书五经》.下册.第256页.北京：北京市中国书店.1984.

②③宋元人注.《四书五经》.下册.第176页.北京：北京市中国书店.1984.

④张波等编.《中国农业自然灾害史料集》.第335页.西安：陕西科学技术出版社.1994.

鹳鹆来巢”。《左传》云：“有鹳鹆来巢，书所无也。”《公羊传》注：“何以书，记异也。何异尔，非中国之禽也，宜穴又巢也。”《谷梁传》曰：“来者，来中国也。鹳鹆，穴者而曰巢。”唐代颜师古则进一步指出：“今之鹳鹆，中国皆有，但不踰济水。故左氏以为鲁所无，异而书之。”[①]

鹳，同鸲。鹆，即鸲鹆。《说文解字·鸟部》云：“鸲，鸲鹆也。”清代段玉裁注：“今之八哥也。”《考工记》指出：“鹳鹆不逾济。”

鸲鹆（*Acridotheres cristatellus*），又称鹆、鸲、鹳、鹳鹆，为鸣鸟。又因鸟翼在飞行时展“八”字形，得名“八哥”。杂食果实、昆虫、种子等。居我国南部、中部各省区平原和山村间。雄鸟善鸣，经训练能模仿人的声音[②]。为中国著名的观赏娱乐鸟，公元3世纪开始笼养。它巢于鹊巢、树穴及居家屋脊中，说明八哥的造巢能力不强，然而对其居所的适应性较强。鹳鹆不但在模仿人的语言方面胜似鹦鹉，而且能跳舞。宋代著名哲学家周敦颐（1017～1073）专门作有一首《鹳鹆》诗，称赞鹳鹆的智慧，原文如下[③]：

原文	译文
舌调鹦鹉实堪夸，	鹳鹆说话像鹦鹉似的令人夸，
跳舞令人笑语哗；	又能跳舞叫人笑语不断；
乱噪林头朝日上，	太阳出来时在树林啼叫，
载归牛背夕阳斜；	太阳下去时载在牛背归来；
铁衣一色应无杂，	黑铁色的羽毛没有一点杂色，
星眼双明自不花；	双眼炯神而明亮；
学得巧言谁不爱，	学话的本领令人喜爱，
客来又唤仆传茶。	客人来了又叫仆人送上茶水。

而且，据《晋书》记载，当时在社会上流行一种“鸲鹆舞”，晋代谢尚特别擅长，“导（指司徒王导）以其有胜会，谓曰：‘闻君能作鸲鹆舞，一生倾想，宁有此理不？’尚……便著衣帻而舞。导令坐者抚掌击节。尚俯仰在中，傍若无人”[④]。

---

① 宋元人注.《四书五经》.下册.第471页.北京：北京市中国书店.1984.

② 《辞海》.1999年3卷本.第770、5031、5043、5594页.上海：上海辞书出版社.1999.

③ 郭郛等.《中国古代动物学史》.第293页.北京：科学出版社.1999.

④ 《晋书·谢尚传》.

在春秋时代，鸜鹆主要生活在长江流域及其以南，很少在黄河流域出没（后来由于笼养等原因，鸜鹆在黄河流域等地分布渐广）。因此，当时它出现在曲阜则是一种异常；人们知晓鸜鹆自己不做巢，多居住在树穴或者房屋的屋脊之下，因此它来巢（实为借居巢，多为鹊巢）又是一种异常。可见，《春秋》当时作为生物异常把“鸜鹆来巢”记载下来，是非常恰当的。

（三）西狩获麟

《春秋》中有1条西狩获麟的记载：鲁哀公十四年（前481）“春，西狩获麟”。《左传》注曰：“春，西狩于大野。叔孙氏之车子钼商获麟，以为不祥，以赐虞人（管理山泽的官）。仲尼观之曰：‘麟也。’然后取之（叔孙氏把麟取走）。”《公羊传》则云：“何以书，记异也。何异尔，非中国之兽也。然则孰狩之，薪采者也……麟者，仁兽也。”“孔子曰：孰为来哉，孰为来哉。反袂拭面，涕沾袍。颜渊死，子曰：噫，天丧予。子路死，子曰：噫，天祝予。西狩获麟，孔子曰：吾道穷矣！《春秋》何以始乎隐……何以终乎哀十四年？曰备矣。”①

“麟”是什么动物？面对它被狩获，它的死亡，孔子“反袂拭面，涕沾袍”(即痛哭流涕，以袖擦面，泪涕沾湿了长袍)；把此事记入他编修的《春秋》中，并为此终结了他视为“知我者其唯”“罪我者其唯”的《春秋》一书的编修工作；还十分悲愤地叹曰：“吾道穷矣。”孔子为什么有如此强烈的反响？

1.“麟”是什么动物

《辞海》说：麟，即麒麟、骐麟。“古代传说中的一种动物”。其状如鹿，独角，全身生鳞甲，尾像牛。视为吉祥的象征②。《辞源》《汉语大字典》也都认为是“古代传说中的动物”。③④

明明是鲁国叔孙氏之车子钼商获取了这种动物；明明是孔子亲眼看到了这种动物，并“反袂拭面，涕沾袍”，停止了《春秋》的编修工作；明明是叔孙氏予以收藏；而且，狩获这种动物有确切的时间，为鲁哀公十四年（前481年）

---

①宋元人注.《四书五经》.下册.第536页.北京：北京市中国书店.1984.

②《辞海》.1999年3卷本.第5841、5842页.上海：上海辞书出版社.1999.

③《辞源》（修订本）.第4卷.第3557、3559页.北京：商务印书馆.1983.

④《汉语大字典》（缩印本）.第1193页.成都：四川辞书出版社、湖北辞书出版社.1993.

春；又有确切的地点，在鲁国首都曲阜西的大野[①]（位今山东巨野县北的大泽，大野泽又称巨野泽，五代后南部涸为陆地，北部成为梁山泊的一部分[②]）。然而，现代权威的辞书无视这一切，说它是“传说中的动物”，即说它实际上是不存在的动物。

当时，人们不知这个大物为何物？是孔子识别并正确指认它是“麒麟”。这几本现代权威的辞书，既用了孔子识别的名称，又否认孔子亲眼识别时所见到的动物是客观存在的，这在逻辑上也是矛盾的。笔者认为：①不能轻易否定麒麟的客观存在，鲁哀公十四年春这么多人见到它，孔子不但亲眼见了，且加以识别、指认；②麒麟当时已可能是一种珍稀动物，所以那么多人不知它是何物，唯有大学问家孔子加以识别、指认。春秋时期麋鹿那么多，在汉代还“千千成群”（“千千”不是确切数，代表多），然而其野生物种现在也灭绝了，更何况当时已可能是珍稀物种的麒麟，因此麒麟可能是一种灭绝的动物。

另，动物史研究专家郭郛研究认为：甲骨文中的“麐”，即为麒麟；《山海经》中的“麢”，《尔雅》中的“麐”“麢”，《诗经》中的“麟”，实是麒麟；拉丁学名为*Alcelaphus baselaphus*，现还分布于非洲；中国的“麒麟”则在公元前5世纪于山东地区绝灭[③]。

2. 孔子的反响为什么那么强烈

孔子一生为“道”而奋斗，其“道”的核心是“仁”“礼”，是“老者安之，朋友信之，少者怀之”[④]。他是一个一生为了“道”，知其很难有为而要努力为之的人：去到齐国，见无法施“道”，便离开齐国；在鲁国，他的“道政”无法继续施行时，毅然决然地抛弃官职，背井离乡，去他国施展抱负；在周游列国中，经受那么多艰难曲折，他从没有放弃过努力；周游列国失败后，他以办学、整理国故为己任，传播他的“道”。他编修《春秋》，敢于大无畏地“贬天子，退诸侯，讨大夫”，都是为了实施他的“道”，拯救这个无礼乱仁的年代。然而，面对自古以来受到保护和敬重的仁爱吉利之兽——麒

① 宋元人注.《四书五经》.下册.第536、537页.北京：北京市中国书店.1984.
② 魏嵩山主编.《中国历史地名大辞典》.第51页.广州：广东教育出版社.1995.
③ 郭郛等.《中国古代动物学史》.第21、23、63~65、102~103、109、116页.北京：科学出版社.1999.
④《论语·公冶长》.

麟，人们已不知它为何物，还把它射死。此事对孔子的刺激之深、打击之大，是空前的，远远超过颜回之死、子路之亡对他的打击。甚至超过14年周游列国失败对他的打击，他深感春秋之乱已乱到整个社会不知仁爱、不知礼耻的地步，已不是他编修的《春秋》“贬天子，退诸侯，讨大夫”所能拯救的了。所以，他决定停止晚年所寄托的《春秋》编修的事业，深切地知晓他奋斗了终生的“道”已改变不了当今之乱世，第一次无可奈何地叹曰：“吾道穷也。”

《诗经》研究专家高亨认为：《周南·麟之趾》一诗是孔子看到被打死的麒麟后所作的《获麟歌》。他正确地指出：旧注说这首诗是赞美鲁国的公族，把公族比做麒麟，是不对的。“诗人描写麒麟的足、顶和角，又描写成群的公族，最后则为麒麟而悲叹（于嗟）。这是赞美公族吗？当然不（是）……孔子看到鲁人打死的麒麟，‘反袂拭面，涕沾袍’，此诗则反复悲叹，两者的意味是相合的。”[①] 高亨认为《周南·麟之趾》诗篇反映的悲叹情感与孔子看到被打死的麒麟后沮丧情感是一致的，因而提出《获麟歌》是孔子所作。

麟之趾，振振公子，于嗟麟兮！
麟之定（“定”为“顶”），振振公姓，于嗟麟兮！
麟之角，振振公族，于嗟麟兮！

笔者还认为：西狩获麟事件极大地刺激并伤害了孔子的元气，孔子在之后不到两年的鲁哀公十六年“夏四月己丑”（公元前479年4月11日）因病仙逝[②]，离开了他一辈子力图改变而未能改变的乱世。从后人把《春秋》一书，称为《麟经》《麟史》[③]，亦可略知“西狩获麟”一事影响之大。

四、植物灾异记载

《春秋》除上述三节中所述的一系列动物灾异记录外，还有一些植物的灾异记载，包括大无麦、禾，陨霜不杀草、李和梅实，陨霜杀菽，冬大有年等。

---

① 高亨注.《诗经今注》.前言.上海：上海古籍出版社.1980.
② 《左传·鲁哀公十六年》.
③ 《辞源》（修订本）.第4卷.第3559~3560页.北京：商务印书馆.1983.

（一）大无麦、禾

《春秋》中有1条“大无麦、禾”的记录：鲁庄公二十八年（前666）冬，“大无麦、禾”。《公羊传》注：“冬……先言筑微（或称郿），而后言无麦、禾。讳以凶年造邑也。”唐代孔颖达曰：“麦熟于夏，禾成在秋，而书于冬者，计食不足，而后总书之。”宋代张洽云：“不言水、旱，而言大无麦、禾，天时人事两不足也。”[①]从上述注文中我们得知：①麦，为冬小麦，它“熟于夏”。②禾，或指禾本科植物（主要是粮食作物），或指稻，或指粟，春秋时代中国北方已有水稻的种植，笔者曾发表过《〈诗经〉中的粮食》，指出当时已有水稻种植[②]。但是在古代“水稻种植面积时增时减，其比重始终低于麦类和粟、黍等”，“粟在春秋、战国时期仍是首要的粮食作物”[③]。《汉书》指出：“《春秋》它谷不书，至于麦、禾不成则书之，以此见圣人于五谷最重黍与禾。”[④]可见，此处的“禾”是指粟（又称小米、谷子），而且是晚粟，因它“成于秋”。③“书于冬”，是因为“计食不足”。④该年“食不足”不是一般的不足，而是“大无”，故为“凶年”，形成“冬饥”，“告籴于齐”（即向齐国求救粮食）。⑤造成当年“大无”“凶年”的原因是“天时人事两不足”。天时，即自然灾害方面有水、旱灾；人事，则包括在歉收情况下，又大兴土木，筑建“微邑”（或称“郿邑”）等。

类似记载还有鲁庄公七年（前687），“秋，大水，无麦苗”。《公羊传》注：“先言无麦，而后言无苗。”“何以书，记灾也。”[⑤]本来，秋大水已是一灾；造成“无麦苗”，则是灾上加灾。

（二）陨霜不杀草，李、梅实和陨霜杀菽

在第三章第四节冷暖异常现象中，笔者讲述了鲁僖公三十三年（前627）十二月“陨霜不杀草，李、梅实”，此月的霜应是重霜，但僖公三十三年此月的霜该杀草，未杀；是李、梅两者该掉枝落叶，而没有掉落，依然枝叶繁茂。三者（未杀草、李实、梅实）都证明鲁僖公三十三年的冬天是一个暖冬。详情

① 宋元人注.《四书五经》.下册.第134页.北京：北京市中国书店.1984.

② 孙关龙.《〈诗经〉中的粮食》.载《植物》1986年第1期.

③《中国大百科全书·农业》卷.第1690、1691页.北京：中国大百科全书出版社.1990.

④《汉书·食货志》.

⑤ 宋元人注.《四书五经》.下册.第104页.北京：北京市中国书店.1984.

请见第三章，此处不再重复。

在第三章第四节中笔者还讲述了鲁定公元年（前509）“冬十月，陨霜杀菽”，是陨霜（一般情况下，冬十月陨霜多为轻霜）不该杀菽，结果杀了菽，这既是灾害又是异常。笔者尊重《公羊传》说法“异大于灾”[①]，故主要在异常这一节中叙述。说明鲁定公元年冬十月是一个早冷之月。详情请见第三章，此处不再重复。

（三）冬大有年

《春秋》中有1条“冬大有年”的记载：鲁宣公十六年（前593）“冬，大有年”。另，还有1条“有年”的记载：鲁桓公三年（前709）冬，“有年”。《谷梁传》云：“五谷皆熟，为有年也。”“五谷大熟，为大有年。”《公羊传》注：“有年，何以书，以喜书也。大有年，何以书，亦以喜书也……大有年何，大丰年也。仅有年，亦足当喜乎。”胡传（宋代胡安国的《春秋传》）指出：“旧史灾异与庆祥竝（并）记，故有年、大有年得见于经。”[②]然而，五谷皆熟、五谷大熟在《春秋》242年间唯有桓公三年、宣公十六年两年吗？胡传研究认为：“仲尼（即孔子）于他公皆削之矣，独桓有年、宣大有年则存而不削者。缘此二公获罪于天，宜得水、旱凶灾之谴，今乃有年，则是反常也。故以为异特尔。”“桓、宣享国十有八年，独此二年书有年，他年之歉可知之。”宋代程子（指宋代程颢、程颐兄弟，世称“二程”或“程子”，著有《二程全集》）也认为：“书有年，记异也……桓弑而立，逆天理，乱人伦，天地之气为之谬戾，水、旱凶灾乃其宜也。今乃有年，故书其异。宣公为弑君者所立，其恶有间，故大有年则书之。”[③]因此，《春秋》记述桓公三年冬“有年”、宣公十六年“冬，大有年”，既是记喜庆，又是记异事，喜和异桓公三年“五谷皆熟”、宣公十六年“五谷大熟”。因为桓、宣二世水旱凶灾横行，歉年成了常态，丰收（有年）反而成了“反常”，故而加以记载。

---

①宋元人注.《四书五经》.下册.第490页.北京：北京市中国书店.1984.

②宋元人注.《四书五经》.下册.第69、285页.北京：北京市中国书店.1984.

③宋元人注.《四书五经》.下册.第69页.北京：北京市中国书店.1984.

第七章

珍贵的人体象记录

甲骨文中已有大量的人体象记载（见本章第二节），《诗经》中亦有不少人体象记载（见本章第一节）。但是，它们的记录缺少明确的时间、地点。《春秋》中的人体象记载，则每一条资料都有明确的时间和地点，弥足珍贵，而且关于饥荒的记录是比较系统的。

一、系统的饥荒记载

《诗经》中有“疾首”（头痛）、“大厉”（大疫）、饥饿等人体象记录。其中，表达饥馑的诗句至少在《周南·汝坟》《王风·君子于役》《陈风·衡门》《曹风·候人》《小雅·采薇》《小雅·雨无正》《大雅·云汉》《大雅·召旻》《周颂·赉》等9首诗篇中出现10次之多。例如，《云汉》篇有“天降丧乱，饥馑荐臻”的诗句，即说“饥荒接二连三地出现”，表达了距今3000～2500年的年代人们生活的艰辛。但是，《诗经》中的记载缺乏明确的时间等一系列要素，而《春秋》中的饥荒记载，有明确的时间、地点等要素，且比较系统，因此具有更大的史料价值。《春秋》对饥荒比较系统的记载，在中国是第一次。自此以后，中国的史籍，包括正史、地方志等都仿效《春秋》，从而使中国具有2000多年饥荒史的系统或比较系统的记载，为社会和后人留下了宝贵的史料。

（一）《春秋》中饥荒记载

经梳理，《春秋》中至少有5条饥荒的记载：①鲁庄公二十八年（前666）冬，“臧孙辰告籴于齐”。《左传》注：“冬饥”。②鲁宣公十年（前599）秋，“饥”。③鲁宣公十五年（前594）冬，“饥”。④鲁襄公二十四年（前549）冬，“大饥”。⑤鲁哀公十四年（前481）冬，“饥”（表27）。

表27 《春秋》中的饥荒记载

年份	季节	类型	地点
鲁庄公二十八年（前666）	冬	饥	鲁
鲁宣公十年（前599）	秋	饥	鲁
鲁宣公十五年（前594）	冬	饥	鲁
鲁襄公二十四年（前549）	冬	大饥	鲁
鲁哀公十四年（前481）	冬	饥	鲁

（二）《春秋》中的饥荒情况

《春秋》中不但有饥荒记载，由于《春秋》系统记载各种自然灾异，因此能得知一些造成饥荒的原因；又由于有释解《春秋》的三传（《左传》《公羊传》《谷梁传》）等书籍，故而对饥荒的具体灾情也能有所了解。正因为如此，我们能较为清晰地了解《春秋》关于饥荒记载的情况。

1.五次饥荒的成因

鲁庄公二十八年（前666）冬，有“臧孙辰告籴于齐”的记载。此记载中未出现“饥”字，我们怎么知道发生了冬饥？①《左传》明确注释：臧氏为什么要从齐国买进粮食（籴dí，买进之意），因为“冬饥”[①]。②在“臧孙辰告籴于齐”之前，《春秋》有两条记述：一是“冬筑郿”，一是“大无麦、禾”。《公羊传》明确指出：冬，既“无麦、禾”，又“凶年造邑（指郿邑或微邑）”。宋代张洽进一步说明：“不言水、旱，而言大无麦、禾，天时人事两不足也。”[②]即说：鲁庄公二十八年是一个“凶年”（灾年），主要粮食作物小麦、粟（第六章第四节已述：“麦”为小麦，“禾”是指粟），“大无”（几乎颗粒无收），加上包括建造郿邑城在内的劳役过重，粮库又空虚，“天时人事两不足”，必然造成冬季的饥荒。邓拓的《中国救荒史》[③]、张波等的《中国农业自然灾害史料集》等书籍[④]，都把鲁庄公二十八年冬“大无麦、禾”“臧孙辰告籴于齐”列为饥荒之记载。

---

①②宋元人注.《四书五经》.下册.第134页.北京：中国书店.1984.

③邓拓.《中国救荒史》.中国历代救荒大事年表.北京：北京出版社.1998.

④张波等编.《中国农业自然灾害史料集》.第577页.西安：陕西科学技术出版社.1994.

鲁宣公十年（前599）秋，“饥”，其之前有“秋大水”的记载；鲁宣公十五年（前594）冬“饥”，其之前有“冬蝝生”“秋螽”的记载。诚如张洽所言，“宣两书饥，一在大水之后，一在螽蝝之后”，“宣公烦于事外，国用无节，上下用竭”，“国无蓄积”，必然闹饥荒，“民无以生也”①。宋代赵鹏飞也指出：“《春秋》书饥者二、大饥者一（注：实际上《春秋》中有5次饥荒记载），而宣公独居其二。宣公即位，至是十年，螽、大旱、大水各一”，“贡齐无虚岁，用兵无已期。仓廪罄，府库空，而又加以水旱之变，则其民至于流离冻馁，固无足怪”②。可见，鲁宣公执政仅18年，期间发生两次饥荒，既与天时有关，又与人事（对外用兵，国用无节，上下用竭）有关。

鲁襄公二十四年（前549）冬“大饥”，其之前秋七月“大水”。据《谷梁传》注，这次饥荒不是一般的饥荒，而是“大饥”。其认为：“五谷不升为大饥。一谷不升谓之嗛，二谷不升谓之饥，三谷不升谓之馑，四谷不升谓之康，五谷不升谓之大侵。”元明之间汪克宽指出：襄公享国（即在位）二十四年，“当有八年（余粮）之积。是年水灾所及虽广，然未尝坏宗庙、毁宫室、坠城郭，则仓库之储，固无恙也。今无一年之畜而遽至大饥，则见其备荒之无素矣”③。春秋时，平地、好地（即种粮食的土地）少，加上单位产量低，那时“国无九年之畜（意指一国没有九年余粮之积存），曰不足；无六年之畜，曰急；无三年之畜，曰国非其国也”，所以“一年不升，告籴诸侯……不正”，是不正常的现象；而“诸侯无粟，诸侯相为粟，正也”，则是正常的现象④。也因为这个原因，汪氏肯定了鲁襄公在位二十四年，当有八年余粮，国库有储粮，故而此年秋七月发生的大水（水灾）虽涉及范围很广，也没有造成“坏宗庙，毁宫室，坠城郭”的社会动乱。然而，由于差一年余粮之储存，于晚冬即年底造成了大饥荒，这是备荒上的失策。

鲁哀公十四年（前481）冬“饥”，其之前有鲁哀公十三年“九月螽”“十有二月螽”灾害，有鲁哀公十二年“冬十有二月螽”灾害⑤，因而这次饥荒明显地与前两年的蝗灾造成连续两年粮食的歉收相关。

---

①宋元人注.《四书五经》.下册.第271、284页.北京：北京市中国书店.1984.

②宋元人注.《四书五经》.下册.第271页.北京：北京市中国书店.1984.

③宋元人注.《四书五经》.下册.第382页.北京：北京市中国书店.1984.

④宋元人注.《四书五经》.下册.第134页.北京：北京市中国书店.1984.

⑤宋元人注.《四书五经》.下册.第533～536页.北京：北京市中国书店.1984.

以上可知，《春秋》对242年间发生的5次饥荒的成因都记述得十分清晰：一次是不言水、旱的“天时人事两不足”的“凶年”造成（鲁庄公二十八年饥）；两次是大水造成（鲁宣公十年饥，鲁襄公二十四年大饥）；两次主要是蝗灾引起（鲁宣公十五年饥，鲁哀公十四年饥）。

2.饥荒的时空分布特点

《春秋》中5次饥荒的时间分布特点：①前少后多。《春秋》从鲁隐公元年（前722）至鲁哀公十四年（前481）的242年间，如中间画一条线，从前722年至前602年为前期，此121年间发生1次饥荒，发生率为百余年一遇；从前601年至前481年为后期，此121年间发生4次饥荒，发生率约为每30年一遇。②饥荒的发生似与鲁国由强而衰是同步的。《春秋》242年间之初包括鲁隐公、桓公及庄公时期（前722～前662），鲁是东方强国，曾多次战胜齐、宋等大国，并不断侵袭杞、郕、莒等小国，夺得极、防等地，曹、滕、薛、纪等小国亦经常朝鲁。春秋中期以后，政权转入贵族大臣手中。当时长期掌握实权的，主要是鲁庄公的三个弟弟季友、叔牙、庆父的子孙，释为季孙氏、叔孙氏和孟孙氏三家（他们都是鲁桓公之后，也称三桓），即所谓“政在大夫”①，开始衰落。

《春秋》中5次饥荒的空间分布较为简单，都发生在鲁国（今山东南部）。

二、其他人体象记载

甲骨文中有大量的人体灾异象记载。甲骨文专家胡厚宣著有《殷人疾病考》，发掘出殷人人体一系列的灾异：头病、眼病、耳病、牙病、舌病、嘴病、喉病、鼻病、腹病、足病、趾病、尿病、产病、妇人病、小儿病、传染病等16类②。以后，周宗岐发表《殷墟甲骨文中所见口腔疾病考》③，陈世辉

① 《中国大百科全书·中国历史》卷.第622～623页.北京：中国大百科全书出版社.1992.
② 胡厚宣.《殷人疾病考》.载《甲骨文商史论丛》初集（第3册）.1944.
③ 周宗岐.《殷墟甲骨文中所见口腔疾病考》.载《中华口腔科杂志》1956年第3期.

发表《殷人疾病补考》[①]，指出殷人心疾、臂疖、腿疖等异常。《尚书》《诗经》中也都有人体象的记载。

《春秋》中除较系统的饥荒记载外，其他生物灾异象记载不多。仅有2次间接与“疫”（传染病）字有关的记述，2次直接或间接与“疾”（疾病）字有关的记载。

（一）与“疫”有关的记述

《春秋》中有2次间接与“疫”字有关的记载。

第一次是鲁庄公二十年（前674）“夏，齐大灾”。《公羊传》曰：“大灾者何？大瘠也。大瘠者何，痢也。何以书，记灾也。”[②]东汉何休注：“痢者，民疾疫也”。《辞海》也认为：“痢，瘟疫。”[③]齐国发生了瘟疫，鲁国的《春秋》为什么要记载？《公羊传》进一步说：“外灾不书，此何以书，及我也。”[④]即说，齐国发生的瘟疫，波及了鲁国。

第二次是鲁庄公二十九年（前665）“秋，有蜚”。对此，《左传》认为：“为灾也。凡物不为灾，不书。”《公羊传》则不同意“为灾”的看法，主张“何以书？记异也。”北宋刘敞指出：“蜚之为物，状若牛而白首，一目，虬尾。行水则竭，行草则死，见则其国大疫。”[⑤]笔者在第六章第二节第二部分已有述叙：蜚，食稻花的害虫。鲁国原是没有的，后来有了，可谓异；从危害稻不结穗的角度讲，则为灾。刘敞说的：“见则其国大疫”。那么，当时鲁国出现大疫没有？《春秋》没有记载。笔者相信，当时肯定没有大规模的疫病发生，因为《春秋》中齐国大疫都记了，鲁国发生大疫则是不会不记的。

（二）与“疾”有关的记载

《春秋》中有2次直接或间接与“疾”字有关的记载。

第一次是鲁文公十六年（前611）“夏五月，公四不视朔”。视朔，又称告朔，周朝制度：每年秋冬之交，天子要把下一年的历书颁发给诸侯；诸侯

① 陈世辉.《殷人疾病补考》.载《中华文史论丛》1963年第4期.
② 宋元人注.《四书五经》.下册.第122页.北京：北京市中国书店.1984.
③《辞海》.1989年合订本.第2005页.上海：上海辞书出版社.1989.
④ 宋元人注.《四书五经》.下册.第122页.北京：北京市中国书店.1984.
⑤ 宋元人注.《四书五经》.下册.第135页.北京：北京市中国书店.1984.

每月朔日（夏历初一）要告庙听政。《左传》注："公四不视朔，疾也"。《公羊传》则有不同看法："自是公无疾，不视朔也"，然而为什么"不言公无疾，不视朔"？原因是"有疾，犹可言也！无疾，不可言也"。《谷梁传》更直截了当地指出："公四不视朔，公不臣也。以公为厌政以甚矣。"[①]笔者同意《公羊传》《谷梁传》之言，即鲁文公四不视朔，不是真有疾病，而是借疾病之名义，不愿意施行这一套政治礼节，而不去视朔。而且，在《春秋》中"此后有不告朔者，亦不复书"了[②]。可见，"公四不视朔，疾也"的"疾"，不是真疾。

第二次是鲁昭公二十三年（前519）"冬，公如晋，至河，有疾乃复"。《左传》注："公为叔孙故，如晋，及河，有疾而复。"《公羊传》云："何言乎？公有疾乃复，杀耻也"。《谷梁传》曰："疾不志？此其志，何也？释不得入乎晋也。"[③]《公羊传》《谷梁传》的释言很清楚：事实是晋国不让鲁昭公过河（指黄河）入境（"不得入乎晋"），所谓"有疾乃复"，实是一种托辞，避免耻辱（《公羊传》说的"杀耻也"）。因而此处的"疾"字，类同《左传》对鲁文公十六年经义注释的"疾"字，不是指真的疾病。而且，《春秋》中对一般的疾病是"不志"的，志大疾。但在鲁国境内，似又没有真正地发生大疾。

三、对人体象记载的评说

《春秋》中人体象的记载比较少，仅有6条。在数量上，无法与天象记载、气象记载、地象记载、水象记载和生物象记载相比（见表1）。但这6条都是灾异象，颇有价值。

（一）对饥荒记载的评说

历史学家邓拓对中国的灾荒，有一段振聋发聩的论断："我国灾害之多，世界罕见。就文献可考的记载来看，从公元前十八世纪直到二十世纪的

---

①②宋元人注.《四书五经》.下册.第243页.北京：北京市中国书店.1984.

③宋元人注.《四书五经》.下册.第469页.北京：北京市中国书店.1984.

今日，将近四千年间，几乎无年不灾，也几乎无年不荒；西欧学者甚至称我国为‘饥荒的国度’（The Land of Famine）。综合历代史籍中所有灾荒的记载，灾情的严重和次数的频繁是非常可惊的。”[①]他统计水灾、旱灾、蝗灾、雹灾、风灾、地震、霜灾、雪灾、饥荒、疫病等灾害，指出：公元前1766年（商汤十八年）至1937年，计3703年间共有各种灾害5258次，平均约每6个月多便有一次灾荒。从公元前206年至1937年的2142年中，灾荒有5150次，平均每4个月多有1次灾荒（即平均每年约发生2.4次灾荒）；旱灾有1035次，平均约每两年发生1次；水灾有1037次，亦平均约每两年发生1次（表28）[②]。

表28 中国历代灾荒统计

类别/频数 朝代	旱灾	水灾	地震	风灾	雹灾	蝗灾	霜雪	饥荒	疫灾	合计
殷商	8	5								13
两周	30	16	9		5	13	7	8	1	89
秦汉	81	76	68	29	35	50	9	14	13	375
魏晋	60	56	53	54	35	14	2	13	17	304
南北朝	77	77	40	33	18	17	20	16	17	315
隋	9	5	3	2		1		1	1	22
唐	125	115	52	63	37	34	27	24	16	493
五代	26	11	3	2	3	6				51
两宋(含金)	183	193	77	93	101	90	18	87	32	874
元	86	92	56	42	69	61	28	59	20	513
明	174	196	165	97	112	94	16	93	64	1011
清	201	192	169	97	131	93	74	90	74	1121
民国(至1937年)	14	24	10	6	4	9	2	2	6	77
总计	1074	1058	705	518	550	482	203	407	261	5258

①邓拓.《中国救荒史》.第7、53页.北京：北京出版社.1998.

②邓拓.《中国救荒史》.第56～57页.北京：北京出版社.1998.

从表28中亦可以看到在中国古代灾荒频数愈到后世愈加增多的趋势（当然也与愈后报告制度愈加完善有关），例如，明代自1368年至1644年，不足300年灾荒达1011次，平均每年约3.7次；清代从1644年至1911年，共为267年，不及明代的276年，但次数比明代多110次，达1121次，平均每年约4.2次。

实际上，邓拓的表28上的数字统计于20世纪30年代[①]，大多数数据偏小。例如，两周时期前后约800年（公元前1046～前256年），表28上的饥荒数为8次。笔者统计，仅《春秋》一书记载鲁国200多年即有5次饥荒（表27）。又据《左传》记载：周桓王三年（前717，鲁隐公六年）“冬，京师（位于今河南洛阳）来告饥”；周襄王五年（前647，鲁僖公十三年），“冬，晋荐饥”；周襄公六年（前646，鲁僖公十四年），“冬，秦饥”；周襄王七年（前645，鲁僖公十五年），“晋又饥”；周匡王二年（前611，鲁文公十六年），“秋，楚大饥”“宋饥”；周景王元年（前544，鲁襄公二十九年），“郑饥”“宋又饥”[②]。这样，从公元前722年至前481年的242年间累计记载中国的饥荒至少有11次（按年次计），超过表28中两周800年间的8次。再，据《中国农业自然灾害史料集》记载：自公元前717年至1911年的2628年间，中国发生饥荒约877次（表29）[③]，超过邓拓表28中的407次的一倍以上。

表29 中国历代饥荒(1994)

朝代	次数(年次)
殷商	1
两周	13
秦汉	22
魏晋南北朝	65
隋	3
唐	46
五代	9
两宋(包括金)	159
元	81
明	218
清	260
总计	877

① 邓拓.《中国救荒史》.再版前言.北京：北京出版社.1998.
② 《左传》《鲁隐公六年》《鲁僖公十三、十四、十五年》《鲁文公十六年》《鲁襄公二十九年》.
③ 张波等编.《中国农业自然灾害史料集》.第577～684页.西安：陕西科学技术出版社.1994.

饥荒的严重程度，也有愈到后世愈益加重的趋势。在《春秋》《左传》这些早期文献中，未见在“饥”或“大饥”之后有“人相食”“民多饿死”“饥死者计四五，至有灭户者”等记载。自《汉书》起，直到《清史稿》以及各级各地的地方志等书籍中，这一类记载便络绎不绝。例如：汉高祖三年（前204）六月，“关中大饥……人相食”[①]；汉元帝初元二年（前47），“齐地饥……而多饿死，琅琊郡人相食”[②]。清康熙四十三年（1704），“春，泰安大饥，人相食，死者枕藉；肥城、东平大饥，人相食；武定、滨州、商河、阳信、利津、沾化饥；兖州、登州大饥，民死大半，至食屋草；昌邑、即墨、掖县、高密、胶州大饥，人相食”[③]。

《春秋》中刊记的鲁国5次饥荒，并不像上述的饥荒那么严重。第一次饥荒，庄公二十八年冬“大无麦、禾”，因“告籴于齐”而缓解。第三次饥荒，鲁宣公十五年冬“饥”，第二年的“大有年”（大丰收），解除了危机。第四次饥荒，鲁襄公二十四年冬则为“大饥”，是《春秋》中记载的唯一一次大饥，由于之前有八年余粮的储蓄，虽还差一年余粮的储存，造成短时的饥荒，但没有出现“坏宗庙，毁宫室，坠城郭”的社会动乱。第二次饥荒，鲁宣公十年秋“饥”；第五次饥荒，鲁哀公十四年冬“饥”，这两次灾荒是如何化解的呢？《春秋》中没有讲，三传（《公羊传》《谷梁传》《左传》）也没有讲。依据过去2000多年“大灾之后必大有疫”的规律，未见大疫；“饥”之前又未冠以“大”字，说明这两次饥荒不是特别严重。若引起了坏宗庙、毁宫室、坠城郭的社会事件，编修者亦是不会不记的。

（二）对疫病记载的评说

疫病，即传染病。中国是一个疫病频发的国家。殷商甲骨文已有记载：“甲子卜，散贞，疒役不祉？”“贞：疒役其祉。”[④]役，同疫；疒，指病痛；贞，占卜之意。前一卜是说：希望能占卜到疫病不再流行；后一卜是说：占卜结果是疫病仍要迁徙流行。在中国古籍中，有关疫病的名称不下数十种之多：疫病、疠、瘥、天行、大头瘟、痘疫、天花、痧症、喉症、疟疾、羊毛瘟、疫

---

① 《汉书·高帝纪》.
② 《汉书·食货志》.
③ 《清史稿·灾异志》.
④ 董作宾编.《殷墟文字汇编》.第7310片.北平：中央研究院历史语言研究所出版.1948.

瘴、霍乱、鼠疫，以及《春秋》及三传中的“大瘠”“痢”等。笔者于2002年统计发表中国古代疫病（或称大疫）中等烈度以上的发生约385条[①]，也大于邓拓表28中的261条。

疫病的危害相当大，常形成“死者甚众”“死者无算”“死者日以千计，道殣相望”“全境死亡枕藉，无人掩埋”等惨景。例如，金天兴三年（1234）“汴京（今河南开封）大疫，诸门出柩九十余万”，即各城门抬出的棺材有90多万副，这还是“贫不能葬者不在是数”[②]。更为严重的是发生在明末崇祯十六年（1643）的大疫，“八、九两月，死者数百万……至霜雪渐繁，势始渐杀”[③]。所以，孔子对疫病格外地重视，《春秋》中别的疾病都不记，记了一条疫病事条。

虽然，《春秋》中只有一个疫病条的记载，且是主要发生在齐国，只是波及鲁国，但它告诉人们几个重要信息：①《春秋》242年间，鲁国没有发生过大的疫病。齐国发生的疫病，只是波及鲁国的都记载了，孔子不会漏记在鲁国发生的疫病。②《春秋》242年间28次干旱、9次大水、5次饥荒等灾害后，没有发生相关联的大疫，“大灾后必有大疫”的规律在《春秋》时期的鲁国还没有形成。当然也可从另一个角度说，这些旱灾、水灾、饥荒还没有严重到必然产生大疫的程度。

四、灾害链记载

自然界的灾异彼此之间是相互关联、相互影响的。《春秋》的编者是否已认识到这一点，书中找不到直接证据。但是，《春秋》以及更早或同时期的《周易》《诗经》《尚书》等古籍中，已大量展现了天、地、生、人相关联的现象和观点。如对鲁宣公十五年冬“饥”条，宋代张洽的注指出：“宣（指鲁宣公）两

① 孙关龙.《大疫》.载《中国古代自然灾异动态分析》.第399～437页.合肥：安徽教育出版社.2002.
② 《谷山笔麈》.第15卷.
③ 《随息居重订霍乱论·治法》篇.

书饥，一在大水之后（笔者注，指宣公十年秋‘饥’），一在螽、蝝之后（笔者注，指鲁宣公十五年冬‘饥’），甚言国无蓄积，而民无以生也”[①]。似乎《春秋》的编者已知晓一些自然灾害和异常是彼此关联和影响的。这种关联在现代被称之为“灾害链”或“灾异链”（下统称“灾害链”）。鉴于饥荒、疾病处在灾害链的末端，在知晓《春秋》记述鲁国5次饥荒和鲁国本国没有疫病发生的情况下，有可能整理出《春秋》中的一些灾害链。

笔者依据在时间上、因果上有着明显相关的灾害和异常，整理出《春秋》中至少存在以下灾害链：

① 水灾—饥荒链。例如，鲁宣公十年（前599）秋“大水”，“饥”[②]。鲁襄公二十四年秋“大水”，冬“大饥”[③]。这个灾害链好理解：秋天大水即涝灾，造成粮食作物歉收或无收，加上没有必要的“蓄积”，必然“民无以生”，形成秋天或冬天的饥荒。

② 地震—旱灾链。例如，鲁襄公十六年五月甲子（前557年3月27日）“地震”，当年秋“大雩”[④]。地震是地壳内部的变动导致地面震动，或多或少地影响气象，因此地震—大涝链、地震—大旱链在中外历史上是较为常见的灾害链，如《中国古代自然灾异相关性年表总汇》（下简称《年表总汇》）一书载有地震—干旱链约61例（按年计）、地震—大水链（含地震—河湖溢、地震—涌水链）约80例（按年计）[⑤]。鲁襄公十六年的地震，地震学家研究把它定为4级[⑥]，即为有感地震，不是破坏性地震，故而影响有限，仅造成当年一般的旱灾（为“大雩”，非“大旱”）。

③ 旱灾—蝗灾链。例如，鲁桓公五年（前707）秋“大雩”，当年秋出现“螽”[⑦]。鲁文公二年（前625）自十有二月不雨至第二年秋七月，接着于第二年秋天发生“雨螽于宋”[⑧]。旱灾—蝗灾链，亦是较为常见的灾害链，《年

---

①宋元人注.《四书五经》.下册.第284页.北京：北京市中国书店.1984.

②宋元人注.《四书五经》.下册.第268～271页.北京：北京市中国书店.1984.

③宋元人注.《四书五经》.下册.第381～382页.北京：北京市中国书店.1984.

④宋元人注.《四书五经》.下册.第363～364页.北京：北京市中国书店.1984.

⑤宋正海、孙关龙等.《中国古代自然灾异相关性年表总汇》.第197～204、259～272页.合肥：安徽教育出版社.2002.

⑥刁守中、晁洪太主编.《中国历史有感地震目录》.第1页.北京：地震出版社.2008.

⑦宋元人注.《四书五经》.下册.第72～73页.北京：北京市中国书店.1984.

⑧宋元人注.《四书五经》.下册.第216～219页.北京：北京市中国书店.1984.

表总汇》载有公元前135年（汉建元六年）至1909年（清宣统元年）间约230例（按年计）[①]。在民间也有“十旱九蝗”之说。

④蝗灾—饥荒链。例如，鲁宣公十五年（前594）“秋，螽”“冬，蝝生”，导致当年冬“饥”[②]。鲁哀公十二年（前483）“冬十有二月，螽”；鲁哀公十三年（前482）“九月，螽”“十有二月，螽”，连续两年的蝗灾，粮食歉收，库粮锐减，导致鲁哀公十四年（前481）冬“饥”[③]。这个灾害链也是常见的，据《年表总汇》的“旱蝗”灾害链表的记载，明代蝗灾—饥荒链的记录至少有1447、1501、1505、1508、1509、1524、1528、1529、1530、1531、1532、1533、1540、1579、1588、1615、1639、1641、1642等19个年份[④]。

灾害或灾异往往是连锁的、成链的。例如强震后，往往有次生灾害山崩、滑坡，或大水、大旱，接着是饥荒、大疫。人类的历史，即是一部灾荒史，在中国直到1949年以前还都是那样。当今有灾害预报、灾后救助，在中国再也没有出现“人相食”等惨景。然而，地震、水灾、旱灾、山崩、滑坡等灾害仍不时发生。研究灾害链，能使我们及早截断灾害链，减轻次生灾害的危害。因此，笔者在此专门增写了这一节“灾害链记载”。

---

①宋正海、孙关龙等.《中国古代自然灾异相关性年表总汇》.第477～518页.合肥：安徽教育出版社.2002.

②宋元人注.《四书五经》下册.第283～284页.北京：中国书店.1984.

③宋元人注.《四书五经》下册.第533～539页.北京：中国书店.1984.

④宋正海、孙关龙等.《中国古代自然灾异相关性年表总汇》.第480～498页.合肥：安徽教育出版社.2002.

第八章

中国和世界现知第一部全面系统记述自然灾异的著作

在第一章笔者讲了：《春秋》记述天地之象的一大特点，是以记述天地灾异（或说自然灾异）为重。《春秋》不但是中国和世界现存的第一部全面系统记载天地之象的著作，亦是中国和世界现知的第一部全面系统记述自然灾异的著述。

《春秋》中的自然灾异记录具有全面性、系统性、科学性等一系列特性。

一、自然灾异记录的全面性

在《春秋》中，自然灾异记载相当的全面，现代自然灾异的六大类别（天象灾异、气象灾异、地象灾异、水象灾异、生物象灾异、人体象灾异），全都具备，不缺一个类别。而且每一大类都含有内容丰富的子项：天象灾异有日食、陨石、流星雨、彗星等项；气象灾异有大雩、长时间不雨、大旱、大雹、大雪、大雨、霜寒、雷灾、闪电灾（天火）、春无冰、十月雪、冬或冬十二月螽（蝝）、正月雨木冰、白昼漆黑等项；地象灾异有地震、山崩等项；水象灾异有大水；生物象灾异有螽（蝗）害、螟害、蜚害、蜮害、鼷鼠害、麋害、鹢退飞、鸜鹆来巢、获麟、十月杀菽、十二月不杀草、十二月李和梅实、大无麦和禾、大有年等项；人体象灾异有饥、疫，共计至少有37个子项之多（表30）。

表30 《春秋》中自然灾害和异常记载

大类	天象灾异				气象灾异											地象灾异		水象灾异	生物象灾异									人体象灾异	
具体灾异	日食	彗星	陨石	流星雨	大雪	大雹	大雨	大雩	长时间不雨	大旱	雷害	天火	霜害	白昼漆黑	春无冰、十二月螽、正月雨木冰、十月杀菽、十二月不杀草、十二月李梅实、十月雪等异常	地震	山崩	大水	螽害	螟害	鼷鼠害	蜚、蜮、麋害	鹢退飞、鸜鹆来巢、获麟	十二月不杀草	十二月李、梅实	十月杀菽	大无麦禾、大有年	饥荒	疫
次数	37	4	1	1	3	3	1	21	5	2	1	10	1	1	18(重)	5	2	9	12	3	4	3	3	1	2	1	4	5	1
小计	43				66(重14)											7		9	33									6	

《春秋》共有灾异的记载约164次（重14次），剔除重复记载后净有灾异记载约150次。

二、自然灾异记录的系统性

《春秋》中的自然灾异记载既全面，又系统。笔者在前7章中都有论述，在此进行一下综述：天象灾异方面，242年间系统或较系统地记载了37次日食、4次彗星。尤其是日食记载，不但每次都有年、月、日记载，还有日食的类型（日偏食还是日全食）等记载（详见第二章第一节）。气象灾异方面，242年间系统或较系统地记载旱灾、冷热失时等资料，尤其是28次旱灾记载，不但每次有时间（年、月或年、季度）、有地点，且分出了3个旱灾等次：大雩、长时间不雨、大旱（详见第三章第二节）。地象灾异方面，242年间较为系统地记载5次地震，每次都有时间的记述（都具体列有年、月、日），亦有地点的交代（详见第四章第一节）。水象灾异方面，242年间系统记述9次大水，每次都有时间（年、季或年、月）和地点的信息（详见第五章第一节）。生物象灾异方面，242年间系统记有蝗灾12次，每一次都有时间（年、季或年、月）和地点的记载（详见第六章第一节）。人体象灾异方面，242年间有较为系统的5次饥荒的记载，不但每次有时间（年、季）、地点，而且有其成因和程度（分为饥、大饥等）记载（详见第七章第一节）。可见，《春秋》所记自然灾异的六大部类，每一类都有系统和较系统的子项记载。

而且在一般情况下，《春秋》对外灾、外异是不记的。《春秋》中记哪些外灾、外异，编者是经过深思熟虑的斟酌的。最为典型的是对山崩、陨石的记载。①山崩条。无论是鲁僖公十四年（前646）“秋八月辛卯，沙鹿崩”[①]，还是鲁成公五年（前586）夏“梁山崩”[②]，其地点都在晋国（今山西境内），两次都是鲁国境外的灾异，《春秋》编者都加以录记。要不然，《春秋》便没有山崩的记载。而编者认为《春秋》灾异记录中不能没有山崩，它对社会和人们的影响太大了。②陨石条。鲁僖公十六年（前644）“春王正月戊申朔，陨石于宋，五”[③]。它发生在今河南东部，亦是鲁国境外的灾异，《春秋》的编者同样进行了录记。不然，《春秋》又会缺少陨石这一项。从《春秋》灾异的全面性、系统性考虑，陨石、山崩都是不可或缺的项目。

当然，《春秋》编者录记一些外灾、外异，并不都是为了立项。例如，天火中列有鲁襄公九年（前564）“春，宋灾（天火灾，下同）”；鲁襄公三十年（前543）冬十月，“宋灾”；鲁昭公九年（前533）“夏四月，陈灾”；鲁昭公十八年（前524）“夏五月壬午，宋、卫、陈、郑灾”[④]。笔者认为，《春秋》的编者在天火项中加了那么多鲁国境外的天火灾害条，是强调这类灾害危害之大，企盼人们予以重视，加以预防。

---

①宋元人注.《四书五经》.下册.第171页.北京：北京市中国书店.1984.

②宋元人注.《四书五经》.下册.第300页.北京：北京市中国书店.1984.

③宋元人注.《四书五经》.下册.第176页.北京：北京市中国书店.1984.

④宋元人注.《四书五经》.下册.第347、406、434、454页.北京：北京市中国书店.1984.

三、自然灾异记录的科学性

笔者认为，《春秋》中自然灾异记录的科学性主要体现在体例严谨、科学，记录严肃、正确，命名科学、合理。

（一）体例严谨、科学

例如，《春秋》是记日食，不记月食；重点记蝗灾，因为该灾严重，其他虫害（包括螟害等）相对轻一些，就不作重点记述；记大水，则要“平原出水”或者“高下有水”；记大雪，要平地积雪为尺；记大雨，要连绵下雨三日以上（详见第一章第三节）。外灾、外异一般不记，但也不是一刀切，为自然灾异记载的全面性、系统性，对境外的灾异进行了严格的筛选，例如对发生在晋国的山崩进行了录记，对发生在宋国的陨石进行了记述。

（二）记载严肃、正确

在春秋这个鬼神、祥瑞盛行的时代，《春秋》一书自始至终坚持只书灾异、不言祥瑞、不记鬼神的原则。这种严肃的学风，在以后效仿《春秋》记载自然灾异的古籍中丢失了2000余年（详见第一章第三节），也从另一个角度证明了《春秋》记载的严肃性、科学性。

《春秋》中灾异记载能经得住历史考验。例如37次日食记述，经过2000多年的检验，尤其是今人用现代天文历法的方法、近代天体力学的方法，以及按照唐代《大衍历》复原计算的方法反复验证，一致认为其中的33次是可靠的，正确率高达近90%；其可靠性比后世的许多古籍对日食的记述都要高（详见第二章第一节）。

（三）命名科学、合理

最具代表性的是《春秋》首先命名的“陨石”“地震”“山崩”等名词，既科学又合理，故而2000多年来一直沿用下来，并成为当代天文学、地球物理学、地震学、地质学等学科的标准术语（详见第二章第二节，第四章第一、第二节）。

四、自然灾异年表

近10多年以来，为研究《春秋》中的自然灾异，笔者拜读了今人整理、编著的许多史料书籍，发现这些书籍对《春秋》中的自然灾异史料普遍征引不够。例如，2006年出版的《中国气象灾害大典·山东卷》（以下简称《大典》）对气象灾害的记录。

①干旱灾害。该《大典》先秦时期仅有1条记录："周定王五年（公元前602），齐鲁大旱"[①]。也就是说，该《大典》仅引用《春秋》中1条旱灾的史料：鲁宣公七年（前602）秋，"大旱"[②]。《春秋》中其他27条旱灾史料（包括21次大雩、5次长时间不雨、另1次大旱，见第三章第二节表8、9、10）均没有引用。而且，该《大典》武断地说："山东有关旱灾的记载最早见著于公元前七世纪"[③]，而《春秋》中记载最早发生在鲁地的大雩（旱灾）是鲁桓公五年（前707）[④]，为公元前8世纪。

②暴雨与洪涝灾害。该《大典》先秦时期列有4条记录，其中3条发生在鲁国："周桓王九年（前711）秋，鲁大水""周定王八年（前599）秋，鲁大水""周定王二十一年（前586）秋，鲁大水"[⑤]。这3条相当于《春秋》中的鲁桓公元年（前711）、鲁宣公十年（前599）、鲁成公五年（前586）秋季的"大水"[⑥]，《春秋》中共有9次大水记录，除1次发生在宋国，8次发生在鲁国，该《大典》仅引用其中的3次。至于"暴雨"记载，《春秋》中没有用"暴雨"两字，但类似的记载还是有的，如鲁隐公九年（前714）"三月癸酉，大雨，震电"[⑦]，是大雨，又有强雷闪电，似应属于暴雨的范畴，《大典》没有引用。

③蝗灾。该《大典》先秦时期列有5条记录，发生在鲁国的有3条："周

---

①温克刚主编.《中国气象灾害大典·山东卷》.第18页.北京：气象出版社.2006.
②宋元人注.《四书五经》.下册.第263页.北京：北京市中国书店.1984.
③温克刚主编.《中国气象灾害大典·山东卷》.第10页.北京：气象出版社.2006.
④宋元人注.《四书五经》.下册.第72页.北京：北京市中国书店.1984.
⑤温克刚主编.《中国气象灾害大典·山东卷》.第129页.北京：气象出版社.2006.
⑥宋元人注.《四书五经》.下册.第63、270、300页.北京：北京市中国书店.1984.
⑦宋元人注.《四书五经》.下册.第56页.北京：北京市中国书店.1984.

桓王十三年（前707）秋，鲁有螽（即蝗虫）”“周定王四年（前603）秋，八月，鲁有螽”“周定王十三年（前594）秋，鲁有螽，鲁初税亩，鲁（笔者注，此‘鲁’字应改为‘冬’字）蝝生”[①]。这3条（4次）相当于《春秋》中的鲁桓公五年（前707）秋，“螽”；鲁宣公六年（前603）“秋八月，螽”；鲁宣公十五年（前594）“秋，螽”；“冬，蝝（螽之幼虫）生”[②]。螽害在《春秋》中10个年份发生了12次，除1次发生于宋国外，11次都发生在鲁国，但《大典》只记有4次，不到一半。

因而催使笔者萌生把《春秋》中的自然灾异整理成年表，以公示于众，引起学术界的重视，并与广大学人共享。

附：《春秋》自然灾异年表

（1）收录天象灾异、气象灾异、地象灾异、水象灾异、生物象灾异、人体象灾异。

（2）按《春秋》原有的年、季、月、日排序。为便于检索，把相当的公元纪年排在最前面。

（3）灾异发生的地点按《春秋》凡例处理，即除在条中注明的地点外，都发生在鲁国。

公元前720年（鲁隐公三年）　·春二月己巳，日食。
前718年（鲁隐公五年）　·九月，螟。
前715年（鲁隐公八年）　·九月，螟。
前714年（鲁隐公九年）　·三月癸酉，大雨，震电；庚辰，大雨雪。

公元前711年（鲁桓公元年）　·秋，大水。
前709年（鲁桓公三年）　·秋七月壬辰，朔，全食。
·冬，有年（即丰年）。
前707年（鲁桓公五年）　·秋，大雩（旱）；螽（蝗虫）。
前704年（鲁桓公八年）　·冬十月，雨雪。

①温克刚主编.《中国气象灾害大典·山东卷》.第605～606页.北京：气象出版社.2006.

②宋元人注.《四书五经》.下册.第73、262、283～284页.北京：北京市中国书店.1984.

前699年（鲁桓公十三年） •夏，大水。

前698年（鲁桓公十四年） •春正月，无冰。

•秋八月壬申，御廪灾。

前695年（鲁桓公十七年） •冬十月，朔，日食。

公元前688年（鲁庄公六年） •秋，螟。

前687年（鲁庄公七年） •夏四月辛卯，夜，恒星不见，夜中星陨如雨。

•秋，大水；无麦苗。

前683年（鲁庄公十一年） •秋，宋大水（地点在宋国）。

前677年（鲁庄公十七年） •冬，多麋。

前676年（鲁庄公十八年） •春三月，日食。

•秋，有蜮。

前674年（鲁庄公二十年） •夏，齐大灾（《汉书·五行志》注："大灾，疫也。"地点在齐国）。

前670年（鲁庄公二十四年） •八月，大水。

前669年（鲁庄公二十五年） •六月辛未，朔，日食。

•秋，大水。

前668年（鲁庄公二十六年） •冬十二月癸亥，朔，日食。

前666年（鲁庄公二十八年） •冬，大无麦、禾；臧孙辰告籴于齐。

前665年（鲁庄公二十九年） •秋，有蜚。

前664年（鲁庄公三十年） •九月庚午，朔，日食。

前663年（鲁庄公三十一年） •冬，不雨。

公元前658年（鲁僖公二年） •冬十月，不雨。

前657年（鲁僖公三年） •春正月，不雨。夏四月，不雨。六月，雨（《左传》注："自（去冬）十月不雨，至于五月"）。

前655年（鲁僖公五年） •九月戊申，朔，日食。

前650年（鲁僖公十年） •冬，大雨雪。

前649年（鲁僖公十一年）　•秋八月，大雩。
前648年（鲁僖公十二年）　•春三月庚午，日食。
前647年（鲁僖公十三年）　•秋九月，大雩。
前646年（鲁僖公十四年）　•秋八月辛卯，沙鹿崩（地点在晋国）。
前645年（鲁僖公十五年）　•夏五月，日食。
•八月，螽。
•九月己卯，晦，震夷伯之庙。
前644年（鲁僖公十六年）　•春正月戊申，朔，陨石于宋，五（地点在宋国）。
•是月，六鹢退飞，过宋都（地点在宋国）。
前640年（鲁僖公二十年）　•五月乙巳，西宫灾。
前639年（鲁僖公二十一年）　•夏，大旱。
前631年（鲁僖公二十九年）　•秋，大雨雹。
前627年（鲁僖公三十三年）　•十二月，陨霜不杀草，李、梅实。

公元前626年（鲁文公元年）　•二月癸亥，日食。
前625年（鲁文公二年）　•自十二月不雨，至于（次年）秋七月。
前624年（鲁文公三年）　•秋，雨螽于宋（地点在宋国）。
前619年（鲁文公八年）　•冬十月，螽。
前618年（鲁文公九年）　•九月癸酉，地震。
前617年（鲁文公十年）　•自正月不雨，至于秋七月。
前614年（鲁文公十三年）　•自正月不雨，至于秋七月。
前613年（鲁文公十四年）　•秋七月，有星孛入于北斗。
前612年（鲁文公十五年）　•六月辛丑，朔，日食。

公元前606年（鲁宣公三年）　•春正月，郊牛之口伤，改卜牛，牛死。
前603年（鲁宣公六年）　•秋八月，螽。
前602年（鲁宣公七年）　•秋，大旱。
前601年（鲁宣公八年）　•秋七月甲子，全食。
前599年（鲁宣公十年）　•夏四月丙辰，日食。
•秋，大水；饥。

前596年（鲁宣公十三年） • 秋，螽。

前594年（鲁宣公十五年） • 秋，螽。

• 冬，蝝生；饥。

前593年（鲁宣公十六年） • 冬，大有年。

前592年（鲁宣公十七年） • 六月癸卯，日食。

公元前590年（鲁成公元年） • 二月，无冰。

前588年（鲁成公三年） • 二月甲子，新宫灾。

• 秋，大雩。

前586年（鲁成公五年） • 夏，梁山崩（地点在晋国）。

• 秋，大水。

前584年（鲁成公七年） • 春正月，鼷鼠食郊牛角，改卜牛。鼷鼠又食其角，乃免牛。

• 冬，大雩。

前575年（鲁成公十六年） • 春正月，雨木冰。

• 六月丙寅，朔，日食。

前574年（鲁成公十七年） • 十二月丁巳，朔，日食。

公元前568年（鲁襄公五年） • 秋，大雩。

前566年（鲁襄公七年） • 八月，螽。

前565年（鲁襄公八年） • 秋九月，大雩。

前564年（鲁襄公九年） • 春，宋灾（地点在宋国）。

前559年（鲁襄公十四年） • 二月乙未，朔，日食。

前558年（鲁襄公十五年） • 秋八月（应为七月）丁巳，日食。

前557年（鲁襄公十六年） • 五月甲子，地震。

• 秋，大雩。

前556年（鲁襄公十七年） • 九月，大雩。

前553年（鲁襄公二十年） • 冬十月丙辰，朔，日食。

前552年（鲁襄公二十一年） • 九月庚戌，朔，日食。

• 冬十月庚辰，朔，日食。

前550年（鲁襄公二十三年） •春二月癸酉，朔，日食。

前549年（鲁襄公二十四年） •秋七月甲子，朔，全食。

•秋七月，大水。

•八月癸巳，朔，日食。

•冬，大饥。

前546年（鲁襄公二十七年） •冬十二月（《左传》注为十一月）乙亥，朔，日食。

前545年（鲁襄公二十八年） •春，无冰。

•秋八月，大雩。

前543年（鲁襄公三十年） •冬十月，宋灾（地点在宋国）。

公元前539年（鲁昭公三年） •八月，大雩。

•冬，大雨雹。

前538年（鲁昭公四年） •春正月，大雨雹。

前536年（鲁昭公六年） •秋九月，大雩。

前535年（鲁昭公七年） •夏四月甲辰，朔，日食。

前534年（鲁昭公八年） •秋，大雩。

前533年（鲁昭公九年） •夏四月，陈灾（地点在陈国）。

前527年（鲁昭公十五年） •六月丁巳，朔，日食。

前526年（鲁昭公十六年） •九月，大雩。

前525年（鲁昭公十七年） •夏六月甲戌（应为九月癸酉），朔，日食。

•冬，有星孛于大辰。

前524年（鲁昭公十八年） •夏五月壬午，宋、卫、陈、郑灾（地点在宋、卫、陈、郑国）。

前523年（鲁昭公十九年） •五月己卯，地震。

前521年（鲁昭公二十一年） •秋七月壬午，朔，日食。

前520年（鲁昭公二十二年） •十二月癸酉，朔，日食。

前519年（鲁昭公二十三年） •八月乙未，地震。

前518年（鲁昭公二十四年） •夏五月乙未，朔，日食。

	• 秋八月，大雩。
前517年（鲁昭公二十五年）	• 夏，有鸜鹆来巢。
	• 秋七月上辛，大雩；季辛，又雩。
前511年（鲁昭公三十一年）	• 十二月辛亥，朔，日食。

公元前509年（鲁定公元年）	• 九月，大雩。
	• 冬十月，陨霜杀菽。
前508年（鲁定公二年）	• 夏五月壬辰，雉门及两观灾。
前505年（鲁定公五年）	• 春三月辛亥，朔，日食。
前503年（鲁定公七年）	• 秋，大雩。
	• 九月，大雩。
前498年（鲁定公十二年）	• 秋，大雩。
	• 十一月丙寅，朔，日食。
前495年（鲁定公十五年）	• 春正月，鼷鼠食郊牛，牛死。改卜牛。
	• 八月庚辰，朔，日食。
	• 冬，城漆。

公元前494年（鲁哀公元年）	• 春正月，鼷鼠食郊牛，改卜牛。
前492年（鲁哀公三年）	• 夏四月甲午，地震。
	• 五月辛卯，桓宫、僖宫灾。
前491年（鲁哀公四年）	• 六月辛丑，亳社灾。
前483年（鲁哀公十二年）	• 冬十二月，螽。
前482年（鲁哀公十三年）	• 九月，螽。
	• 冬十一月，有星孛于东方。
	• 十二月，螽。
前481年（鲁哀公十四年）	• 春，西狩获麟。
	• 五月庚申，朔，日食。
	• 冬，有星孛；饥。

第九章

从自然灾异记录看《春秋》

从一个新的角度看待一个事物，总是会有一些新的见解或者是新的成果。从《春秋》中的天地之象，尤其是从自然灾异记录看《春秋》，同样会得到一些新的启示。它扩展了《春秋》的基本内容；从另一个侧面证实《春秋》的编修者是孔子；开辟《春秋》的科学价值研究领域，且在当代科学研究中发挥其作用。

一、从灾异记录看《春秋》的基本内容

自西汉司马迁的《史记》以来，2000多年来学术界都公认：《春秋》的基本内容是“贬天子，退诸侯，讨大夫”，具体说明是“弑君三十六，亡国五十二”[①]。通过上述八章的研究，笔者认为人们会自然而然地得出，2000多年来只讲《春秋》的基本内容是“贬天子，退诸侯，讨大夫”的传统说法是不够的，具有一定的片面性。确实，“贬天子，退诸侯，讨大夫”或说“弑君三十六，亡国五十二”是《春秋》的重要基本内容，是《春秋》及其编修者的君臣观和民本思想的重要体现。然而，《春秋》的基本内容不止于政治方面、道德伦理方面，其价值也不限于政治方面、道德伦理方面。其基本内容还有自然方面，即天地之象方面，尤其是自然灾异的记载，这方面的规模、价值并不逊于学术界所公认的其在政治方面和道德伦理方面的规模、价值。

《春秋》中自然的内容，即天地之象的记载，包括自然灾异的记载，被历代大多数学者所忽视，被忽视了约2500年，现在是正本清源的时候了，是应该充分肯定天地之象尤其是自然灾异记载在《春秋》中地位的时候了。按照笔者的观点：《春秋》的基本内容应该是“贬天子，退诸侯，讨大夫，记灾异”，或者说“弑君三十六，亡国五十二，灾异一百五”。因为无论在数量上、篇幅上还是史料的价值上，《春秋》中天地之象尤其是自然灾异的记载都

① （西汉）司马迁.《史记·太史公自序》.

不逊于“弑君三十六，亡国五十二”的记载。记灾异，其实质上是记民众的苦难和国家的艰辛，是宣扬人本主义精神的一个重要方面。《春秋》中的自然灾异记录是该书及其编者君臣观和民本思想又一个重要体现，更是编者与民同乐、与民同愁情感的写照。唯有“贬天子，退诸侯，讨大夫，记灾异”和“弑君三十六，亡国五十二，灾异一百五”，才能真正地完整地显示《春秋》的基本内容及其价值，才能完整地体现出《春秋》及其编者的君臣观和民本思想。

二、从灾异记录看《春秋》的编修者

《春秋》问世以后，在战国时期便已经大行于世，不仅被称为儒家的经典，而且受到其他学派学者的称赞[①]。直到宋代以前的1500年间，《春秋》的权威地位及其由孔子编修的观点，基本上没有疑义。

鉴于《春秋》记事确实过于简约，离开了三传（《左传》《公羊传》《谷梁传》）很难了解其本义，深入研究极为艰辛，也因此自宋代以后受到不少责难。首先发难的是北宋名相王安石，他断定《春秋》是“断烂朝报”“废而不立”[②]（有学者认为王安石没有说过这些话[③]）。北宋文学家曾巩（1019～1083）在《南齐书目录序》中，称《春秋》为“散绝残脱”[④]。南宋文学家刘克庄（1187～1269）认为：《春秋》是“史克之旧文”[⑤]。及至近现代，不少学者出于《春秋》中有子夏加进去的孔子生卒年，有些词句不符合孔子思想，以及发现其他诸侯国亦有类似《春秋》的史籍等原因，认为《春秋》一书不可能是孔子所作，而是“鲁国历代史官世袭相承集体编录”而成[⑥]。有的学者甚至说：《春秋》是“流水账簿”“是一种极幼稚的历史”，它“决不

① 刘黎明.《春秋经传研究》.第27页.成都：巴蜀书社.2008.

② （元）脱脱等.《宋史·王安石传》.

③ 赵伯雄.《春秋学史》.第341～347页.济南：山东教育出版社.2014.

④《元丰类稿》.卷11.（文渊阁）《四库全书》.第1098册.第454页.台北：台湾商务印书馆影印.

⑤（清）朱彝尊.《经義考》.第871页.北京：中华书局.1998.

⑥《中国大百科全书·中国历史》卷.第125页.北京：中国大百科全书出版社.1992.

是孔二先生做的，他的著作究竟是怎样的？我们虽不能知道，但以他老人家那样的学问才具，似乎不至于做出这样一部不成东西的历史来”“《春秋》的余毒就使中国只有主观的历史，没有物观的历史”[①][②]。

首先，《春秋》不是“断烂朝报”“流水账簿”“史克之旧文”，更不是一部“只有主观的历史”“一部不成东西的历史”“一种极幼稚的历史”。诚如唐代史学家刘知几所述：《春秋》“为不刊之言，著将来之法，故能弥历千载，而其书独行”[③]。它还是中华传统文化的元典之一[④]，或说是“与《诗》《书》《礼》《乐》《易》共同构成中国传统文化的奠基之作”[⑤]（其价值在下一节中展开）。

第二，确实，早在孔子出生之前已有同类的史籍流传。不但在鲁国，在晋、齐、楚、宋等国亦有这样的史官设置和编录（或编修）类似的书籍。如《国语》中提及晋国有人“习于《春秋》”[⑥]；楚国对太子“教之以《春秋》”[⑦]；墨子讲“吾见百国《春秋》”，并点出“周之《春秋》”“燕之《春秋》”“宋之《春秋》”“齐之《春秋》”等[⑧]；鲁国的史书向来称之为《春秋》，亦有多种文献为证[⑨]。但是，这些类似的史籍都未保存下来，近代学者谁都没有见着，是否与今本《春秋》一样，谁也不敢肯定。而且，同一类书不等于一定要由同一类人编录（或编修）；同一类书的内容和质量更不可能是完全相同，有的可能是精品，有的则可能是糟粕。“历代史官世袭相承集体编录”的著述，是不可能像今本《春秋》那样全面、有序、系统、科学地记载天地之象的。

至于在《春秋》中有些词句不符合孔子思想，记有孔子生卒年，更不是否定孔子作《春秋》的充足理由。在中国一部流传约2500年的书籍，后人有所添加、修改，似是司空见惯之事。

---

① 顾颉刚主编.《古史辨》.第1册.第276页.上海：上海古籍出版社.1982.

② 胡适.《中国古代哲学史》.第101~102页.合肥：安徽教育出版社.1999.

③（唐）刘知几《史通·六家》篇.

④ 冯天瑜.《中华元典精神》.武汉：武汉大学出版社.2006.

⑤ 刘黎明.《春秋经传研究》.第8页.成都：巴蜀书社.2008.

⑥《国语·晋语上》篇.

⑦《国语·楚语上》篇.

⑧《墨子·明鬼》篇.

⑨ 见《孟子·离娄下》篇、《礼记·坊记》篇、《韩非子·内储说上》篇.

第三，认为《春秋》不可能是孔子所作，主张是“鲁国历代史官世袭相承集体编录”而成的学者，也都承认“讲述研习《春秋》，却应肇端于孔子”[①]。今本《春秋》，正是孔子在数十年研习、数十年讲述的基础上，才编修成为史学史上的一部精品。《春秋》是当代史著作，当代史著作中当时能做到“贬天子，退诸侯，讨大夫”的，似唯有孔子，《论语》中记载证明了这一点。孔子说：“君使臣以礼，臣事君以忠”（即首先是君以礼待臣，臣便应以忠事君）[②]。也就是说孔子主张“以道事君”，要不然应该是“不可则止”（无法以仁道待君，就辞职不干）[③]。孔子是这样说的，也是这样做的：无法实施他的仁道时，毅然辞去鲁国的高官，去国外寻找机会；为施展他的仁道，在鲁国境外流亡了14年；回国后还坚持他的仁道，一直到生命的最后时刻。他屡屡强调不能欺骗君子，而要敢于对君子的不端行为进行劝谏（“勿欺也，而犯之”）[④]，还一再说君子“其身正，不令而行；其身不正，虽令不从”[⑤]。即便是自己的得意弟子冉求帮助季氏家族聚敛财富时，孔子愤怒地声明：“冉求不再是我弟子了，学生们，你们可以大张旗鼓地声讨他”（“非吾徒也。小子鸣鼓而攻之，可也”）[⑥]。在修编当代史中，中国数千年历史上有几个人能像孔子这样敢于“贬天子，退诸侯，讨大夫”？因此，他编修的《春秋》能成为中国史学史上的精品。而且，《春秋》对自然灾异记录如此之全面系统，科学性如此之强，能做到这一点的在当时也唯有大学问家孔子。这与孔子把《诗经》整理成百科全书式的著作是一脉相承的，与孔子倡导的读《诗经》要“多识于鸟兽草木之名”[⑦]的精神亦是相一致，在中国数千年古代史上号召人们学习自然知识的，孔子是第一位。

因此，笔者认为：孔子说的“知我者其惟《春秋》乎？罪我者其惟《春秋》乎”[⑧]，是可信的；孟子说“世道衰微，邪说暴行有作，臣弑其君者有之，子弑其父者有之。孔子惧，作《春秋》”[⑨]，是可信的；司马迁认为“孔子因史

①《中国大百科全书·中国历史》卷.第125页.北京：中国大百科全书出版社.1992.

②《论语·八佾》篇.

③⑥《论语·先进》篇.

④《论语·宪问》篇.

⑤《论语·子路》篇.

⑦《论语·阳货》篇.

⑧⑨（战国）《孟子·滕文公下》篇.

文次《春秋》，纪元年，正时日月，盖其详哉”[①]，也是可信的。像《春秋》这么一部在史学上和自然灾异史上有巨大科学价值的史籍，不可能是一般史官所编，说是“历代史官世袭相承集体编录”更是不可能。《春秋》只能出自对它有数十年“讲述、研习”的中国真正知识分子代表、大学问家孔子。

三、从灾异记录看《春秋》的价值

《春秋》是一部伟大的著作：它是中国历史上第一部编年史，创造了大历史的记述和研究范式；它的文字开创了一种笔法——春秋笔法，2500年来一直沿用至今；它的出现命名了一个时代——春秋时代，是中国4000年王朝史上唯一一个以书名命名的时代；它高扬人本主义精神，是中国由神本社会转化为人本社会的标志，成为中国传统文化的元典之一；它又是中国和世界上第一部全面、系统记述自然现象和自然灾异的著作，是中国和世界古代自然灾异史上最为重要的科学文献之一。

（一）高扬人本主义精神

夏、商是信鬼神、重宗教（原始宗教）的社会，那时最高的权威是天神，最崇高的职业是巫史。大巫、小巫通天通地通人，形成了巫学的时代[②]。周文王、周武王和周公高举人本主义大旗，建立了周朝，制定了周礼。《诗经》（即《诗》）、《周礼》（即《礼》）等记载了这次人本主义革命的历程和成果。但是，从《左传》《墨经》等著作看春秋时代巫神之风依然相当流行。据《左传》一书统计，春秋时人们直接提到鬼神有58处（筮、妖、怪等未计），仅有6处对鬼神提出了怀疑，即对鬼神有不同看法的仅占约十分之一[③]，“多数人都还没有跳出原始的鬼神迷信方式”[④]。孔子毕生以“克己复礼”（指周礼，人本主义之礼）为宗旨，更高地举起人本主义的旗帜，把与

---

① （西汉）司马迁.《史记·三代世表》.

② 孙关龙、宋正海.《中国传统文化的瑰宝——自然国学》.第7～11页.深圳：海天出版社.2012.

③ 孙长江.《怎样分析孔子的哲学思想》.载《教学与研究》.1961年第4期.

④ 蔡尚思.《孔子思想体系》.第98页.上海：上海人民出版社.1983.

巫神之风、宗教活动相关联的朝聘、会盟、征伐、城筑等社会活动，水旱、雪霜、地震、日食等自然现象，从巫神宗教色彩中剥离出来，专从人事角度记述社会活动，从天地角度记录自然现象，明确宣布："不语怪、力、乱、神""未能事人，焉能事鬼""未知生，焉知死"[①②]。当弟子子路、子贡责备管子（即管仲）早年是辅助齐桓公亲哥公子纠的老师，在齐桓公杀死亲哥哥公子纠（在与齐桓公争王位中失败）、公子纠的另一位老师召忽以自杀成仁之后，不但不以身成仁，反而去辅佐齐桓公成就春秋霸业，算得上有仁吗？（"桓公杀公子纠。召忽死之。管仲不死。""管仲非仁者与？桓公杀公子纠，不能死，又相之。"[③]）孔子则从"一匡天下"，保卫了家园，维护了中华文化，民"于今受其赐"的角度肯定并高度地赞扬了管仲（"九合诸侯，不以兵车。管仲之力也。""管仲相桓公，霸诸侯，一匡天下，民到于今受其赐。微管仲，吾其被发左衽矣。"[④]）。在《春秋》中，孔子高扬人本主义，反对力斗武侵，主张和谐，反对乱政分裂，主张统一，并全面系统地记录了与民生休戚相关的一百五六十条自然灾害和异常。在整部《春秋》中，无论在何种情况下，坚持不语鬼、不记神，全书没有一个"鬼"字、"神"字。在记述自然灾异时，坚持记事实、讲科学，全书没有记载一件祥瑞之事，对比以后的2000多年中所编纂的从《史记》至《明史》的二十四史，没有一部能做到这一点，更能体现《春秋》的难能可贵。诚如有的学者所叙："《春秋》以文字的形式，牢固地确立了'人'在历史上的地位。从此之后历史不再是关于'神'的种种传说。"[⑤]

孟子说："《诗》亡而后《春秋》作。"[⑥]《诗》兴于周初，终于春秋前中期，它是周公为代表的人本主义革命的产物和象征。《春秋》始于春秋前期，终于春秋末期，它承继《诗经》的人本主义的精神，并宣告周初开始的人本主义革命的完成，宣告崭新的知识阶层"士"的开始形成，宣告子学时代的正式开启。这场始于《诗经》初期、止于《春秋》末期的延续600多年的人本主义革命，为战国时期的百家争鸣奠定了基础；为秦汉统一帝国的形成及汉唐盛世

---

① 《论语·述而》篇.

② 《论语·先进》篇.

③④ 《论语·宪问》篇.

⑤ 刘黎明.《春秋经传研究》.第19页.成都：巴蜀书社.2008.

⑥ 《孟子·离娄下》篇

奠定了基础；也为中华自然国学的发展和在以后近2000年直至17世纪前期中华传统科学技术始终处于世界的前列①，奠定了基础。

（二）创造大历史范式

2004年，美国出版一部轰动中国和世界历史界的著作，名为《时间地图——大历史导论》②。所谓大历史，是指研究历史，不能局限于人类社会的政治史、军事史、经济史、外交史研究，西方19世纪的传统史学多以此为中心③，中国1978年以前的历史学研究也多以此为中心，忽略了人类社会的科学史、技术史、社会史、思想史、习俗史等研究；也不能局限于对人类社会的研究，还应该研究人类史、生物史、地球史、宇宙史。该书从距今约130亿年的宇宙大爆炸讲起，说到宇宙形成、地球诞生、生命的起源、人类的出现，再到人类社会及其方方面面。它第一次将人类史纳入宇宙自然史的范围，被学术界赞誉为一项重要的“学术创新”；有人甚至认为“是一项伟大的成就，类似于17世纪伊萨克·牛顿运用匀速运动定律将地球与天体联系在一起的那种方式”④。这种大视野的历史研究观是很必要的，因为天、地、生、人是密切相关的。

我们把此书的内容与《春秋》的记载作一比较，在《春秋》中似能见到此书大历史范式的身影：天象记载，记宇宙的内容；气象记载、水象记载、地象记载，记地球的内容；生物记载，记生命的内容；人体象记载，记人类的内容。《春秋》不但有侵伐门（主要为军事史）、朝聘门（主要为外交史）、会盟门（主要为政治史）等内容，还有宇宙、地球、生命、人类等史料，不能不说这也是“大历史”。而且，这种大历史贯穿以后2000多年的二十五史（二十四史加《清史稿》）等史书中。当然，《春秋》中的宇宙知识、地球知识、生命知识、人类自身的知识，无论在深度上、广度上都无法与《大历史导论》一书相比，毕竟一部是人类青铜时代的著述，一部是当今信息时代的鸿著。但是，我们不能不敬佩距今约2500年前的《春秋》创造了大历史范式。诚

① 孙关龙、宋正海.《中国传统文化的瑰宝——自然国学》.总序.深圳：海天出版社.2012.

② (美)大卫·克里斯蒂安(David Christian)著.晏可佳等译.《时间地图——大历史导论》（*Maps of Time, An Introduction to Big History*, 2004）.上海：上海社会科学院出版社.2007.

③《中国大百科全书·外国历史》卷.第717～718页.北京：中国大百科全书出版社.1990.

④ 大卫·克里斯蒂安著.晏可佳等译.《时间地图——大历史导论》.威廉·H.麦克尼尔《序》.上海：上海社会科学院出版社.2007.

如蔡尚思教授在30多年前所言：《春秋》在“中外史学史上都是个创造”[①]。

《春秋》创造大历史记述的范式，并不奇怪，因为中国自古以来强调的是“天人合一”，与西方古代强调“天人相分”是不同的。那么，为什么我们的二十五史等还能继承《春秋》的大历史传统，而近现代的历史研究者却不具备了这种传统？因为这一二百年我们自觉或不自觉地割断了自己国家的传统，在历史学研究方法方面自觉或不自觉地西化了。事实证明，割断传统不利于学术的发展、国家的富强。

（三）创造“春秋笔法”

《春秋》创造了一种笔法，2500年来一直沿用至今。那么，什么是春秋笔法？《辞海》说：《春秋》“笔则笔，削则削”，以一字为褒贬，含有微言大义，后世称文笔曲折而意含褒贬的文字为“春秋笔法”[②]。《汉语大词典》《现代汉语词典》《商务国际版》对“春秋笔法”的定义，与《辞海》基本一样[③④]，《古代汉语词典》（甘肃版）则更直白地认为：“春秋笔法，即褒贬。因《春秋》寓意贬褒而借用。”[⑤]不少书籍也说：“这种蕴含褒贬尊讳的表述方式，就是我国史学史上著名的‘春秋笔法’”[⑥]。上述说法或说春秋笔法的定义，是值得商榷的。

首先，实际情况并不像上述书籍所言的：“经学家认为它（指《春秋》）每用一字，必寓褒贬”[⑦]。早在宋代著名学者郑樵（1104～1162）即指出：对《春秋》以一二字褒贬，历史上“有三派，一派主张《春秋》一字有褒贬，一派主张《春秋》有贬无褒，一派主张《春秋》无褒贬”；如清代经学家、春秋学大师顾栋高（1679～1759）是“反对一字寓意褒贬的”。当然不能否认，“纵观由汉至清《春秋》学的发展大势，一字褒贬说最具影响”[⑧]，即春秋学

① 蔡尚思.《孔子思想体系》.第163页.上海：上海人民出版社.1983.
② 《辞海》.（1999年三卷本）.第4587、4588页.上海：上海辞书出版社.1999.
③ 《汉语大词典》.缩编本.第3007页.上海：汉语大词典出版社.
④ 《现代汉语词典》.商务国际版（彩色插图本）.第167页.北京：商务印书馆国际有限公司.2013.
⑤ 杨合鸣主编.《古代汉语词典》.第113页，兰州：甘肃教育出版社.2012.
⑥ 丁鼎.《孔子与六经》.第118页.济南：山东文艺出版社.2004.
⑦ 《汉语大词典》.简编本.第3007页.上海：汉语大词典出版社.1999.
⑧ 吴树平.《顾栋高和他的〈春秋大事表〉》.载《春秋大事表》.第1册.第22页.北京：中华书局.1993.

中的公羊学派（董仲舒学派）最具影响。其次，《春秋》中的实际情况是：有的字有褒贬，有的字有贬无褒，有的字无褒贬。第三，一字褒贬说，“这种治《春秋》的方法带有浓重的主观主义色彩，在具体的运用过程中不可避免地望文造义，支离曲折……不能自圆其说”①，已给《春秋》及其研究和中国的传统学术造成了损害。胡适在《中国古代哲学史》中正确地批评了这种治学方法，“他们作史不去讨论史料的真伪，只顾讲那‘书法’和‘正统’种种谬说”，但他又不恰当地把这种治学方法横加在《春秋》上，说：“《春秋》的余毒就使中国只有主观的历史，没有物观的历史”②。笔者认为正确的说法，春秋笔法即是司马迁在《史记》中说的，“笔则笔，削则削，子夏之徒不能赞一辞”③；更直白的是顾栋高在《春秋纲领》一文中引用古人郑夹漈说的话，“直书其事，善者恶者，了然自见”④。用现代汉语下定义，春秋笔法则是：简约直书，寓观点于事实之中。

（四）中国和世界古代灾异史上最重要的科学文献之一

《春秋》所记述的自然灾异史料无论是其全面性、系统性还是科学性，在中国和世界古代史上都是少有古籍能与之相比拟的。其科学价值，不但是中国和世界上首部全面系统记载自然灾异的书籍，而且拥有中国和世界最早成系统的日食史料记载，中国最早的天琴座流星雨记载，中国和世界最早系统的彗星记载，中国和世界首次成系统的旱灾、水灾、冬暖春热、灾害链等史料，中国和世界最早系统的地震记载，中国和世界最早系统的蝗灾记载，中国和世界最早系统的饥荒记载，等等。它是中国具有世界上独一无二的内容丰富多样、连续性强、系列长的自然灾异记录的源头，是中国和世界灾害史（或灾异史）的精品。

《春秋》还发明创造了“陨石”“地震”“山崩”“星陨如雨”等术语。它们简明、通俗、科学、规范，2500年来一直沿用下来。其中，陨石、地震、山崩已成为现代天文学、现代地震学、现代地质学和灾害学的标准术语。

---

① 吴树平.《顾栋高和他的〈春秋大事表〉》.载《春秋大事表》.第1册.第22页.北京：中华书局.1993.

② 胡适.《中国古代哲学史》.第101~102页.合肥：安徽教育出版社.1999.

③ （西汉）司马迁.《史记·孔子世家》.

④ （清）顾栋高.《春秋纲领》.载《春秋大事表》.第16页.北京：中华书局.1993.

在当代科学研究中，尤其是全球气候变化研究中，世界其他各国都苦于历史时期的气候记录太少、时段太短，无法进行数百年、数千年的气候变化研究。以《春秋》为历史源头的，中国全面、系统、连续2000多年的自然灾异记载，填补了这个空白，正在为全球气候变化等研究作出重要贡献。类似成果已有《中国近五千年来气候变迁的初步研究》《中国近五百年旱涝分布图集》《中国古代自然灾异整体性研究》《中国古代天象记录的研究与应用》等。[①②③④] 中外学者利用我国的日食观测记录研究地球自转长期变慢的问题，研究地球引力常数长期变化的问题，都得到了能与现代仪器观测和研究相媲美的结果[⑤]。

---

①竺可桢.《中国近五千年来气候变迁的初步研究》.载《考古学报》.1972年第1期.

②中国气象研究院.《中国近五百年旱涝分布图集》.北京：地图出版社.1982.

③宋正海、高建国、孙关龙、张秉伦著.《中国古代自然灾异整体性研究》（3集本）.合肥：安徽教育出版社.2002.

④庄威风主编.《中国古代天象记录的研究与应用》.第二版.北京：中国科学技术出版社.2013.

⑤庄威风主编.《中国古代天象记录的研究与应用》.第二版.第454页.北京：中国科学技术出版社.2013.

参考文献

[1]中国科学院地震工作委员会.中国地震资料年表[M]. 北京：科学出版社，1956.

[2]王嘉荫.中国地质史料[M].北京：科学出版社，1963.

[3]高亨.诗经今注[M].上海：上海古籍出版社，1980.

[4]司马迁.史记[M].北京：中华书局，1982.

[5]班固.汉书[M].北京：中华书局，1982.

[6]中国地震历史资料编辑委员会总编室.中国地震历史资料汇编[M].5卷本.北京：科学出版社，1983～1985.

[7]宋元人注.四书五经：下册[M].北京：北京市中国书店，1984.

[8]周尧.中国昆虫学史[M].西安：天则出版社，1988.

[9]陈国达，等.中国地学大事典[M].济南：山东科学技术出版社，1992.

[10]宋正海，等.中国古代重大自然灾害和异常年表总集[M].广州：广东教育出版社，1992.

[11]顾栋高.春秋大事表[M].吴树平，李解民，点校.北京：中华书局，1993.

[12]陈美东，等.自然科学发展大事记：天文卷[M].沈阳：辽宁教育出版社，1994.

[13]孙关龙，等.自然科学发展大事记：地学卷[M].沈阳：辽宁教育出版社，1994.

[14]张波，等.中国农业自然灾害史料集[M].西安：陕西科学技术出版社，1994.

[15]邓拓.中国救荒史[M].北京：北京出版社，1998.

[16]郭郛，等.中国古代动物学史[M].北京：科学出版社，1999.

[17]陈美东.鲁国历谱及春秋、西周历法[J].自然科学史研究.2000(2).

[18]宋正海，高建国，孙关龙，等. 中国古代自然灾异整体性研究[M]. 3集本. 合肥：安徽教育出版社，2002.

[19]杜石然，等. 中国科学技术史：通史卷[M]. 北京：科学出版社，2003.

[20]温克刚，等. 中国气象灾害大典：山东卷[M]. 北京：气象出版社，2006.

[21]冯天瑜. 中华元典精神[M]. 武汉：武汉大学出版社，2006.

[22]顾颉刚. 春秋地名考[M]. 8卷本. 王熙华整理. 北京：北京图书馆出版社，2006.

[23]刘黎明. 春秋经传研究[M]. 成都：巴蜀书社，2008.

[24]张培瑜，等. 中国古代历法[M]. 北京：中国科学技术出版社，2008.

[25]陈美东. 中国古代天文学思想[M]. 北京：中国科学技术出版社，2008.

[26]孙关龙. 春秋灾异考[J]. 韩国：东洋社会思想，2009（5）.

[27]晁岳佩. 春秋学研究[M]. 北京：国家图书馆出版社，2009.

[28]赵伯雄. 春秋经传讲义[M]. 北京：人民出版社，2012.

[29]庄威风，等. 中国古代天象记录的研究与应用[M]. 2版. 北京：中国科学技术出版社，2013.

[30]赵伯雄. 春秋学史[M]. 济南：山东教育出版社，2014.

索　　引

（按汉语拼音顺序排列）

D

E

F

G

H

J

K

L

M

N

O

P

Q

R

S

T

Z